产教协同育人研究：
路径设计与实施

Chanjiao Xietong Yuren Yanjiu:lujing Sheji Yu Shishi

黄政艳　钟华　韦传亮　著

西南财经大学出版社
Southwestern University of Finance & Economics Press

中国·成都

图书在版编目(CIP)数据

产教协同育人研究:路径设计与实施/黄政艳,钟华,韦传亮著.—成都:
西南财经大学出版社,2022.8
ISBN 978-7-5504-5449-1

Ⅰ.①产… Ⅱ.①黄…②钟…③韦… Ⅲ.①职业教育—产学合作—
研究—广西 Ⅳ.①G719.2

中国版本图书馆 CIP 数据核字(2022)第 125302 号

产教协同育人研究:路径设计与实施
黄政艳 钟华 韦传亮 著

责任编辑:杨婧颖
责任校对:雷静
封面设计:张姗姗
责任印制:朱曼丽

出版发行	西南财经大学出版社(四川省成都市光华村街 55 号)
网 址	http://cbs.swufe.edu.cn
电子邮件	bookcj@swufe.edu.cn
邮政编码	610074
电 话	028-87353785
照 排	四川胜翔数码印务设计有限公司
印 刷	郫县犀浦印刷厂
成品尺寸	170mm×240mm
印 张	11
字 数	203 千字
版 次	2022 年 8 月第 1 版
印 次	2022 年 8 月第 1 次印刷
书 号	ISBN 978-7-5504-5449-1
定 价	68.00 元

前　言

　　校企合作、产教融合是职业教育的基本办学模式，是办好职业教育的关键所在。党的十九大报告提出要"完善职业教育和培训体系，深化校企合作、产教融合"。职业教育的目的在于为国家发展培养更多应用型、技能型人才，这既是国计也是民生，既是教育也是生产生活。推进校企合作、产教融合，解决人才培养供给侧和产业需求侧不协调的问题，促进教育链、人才链与产业链、创新链的有机衔接，对新形势下全面提高教育质量、扩大就业创业、推进经济转型升级、培育经济发展新动能具有重要意义。

　　近年来国家一直颇为重视职业教育的发展，校企合作、产教融合就是其升级密码。2018 年 2 月，教育部会同国家发展改革委、工业和信息化部、财政部、人力资源社会保障部、国家税务总局制定了《职业学校校企合作促进办法》，旨在完善职业教育和培训体系，深化校企合作、产教融合。2019 年 2 月，国务院印发《国家职业教育改革实施方案》（以下简称"职教 20 条"），启动了"1+X"（学历证书＋若干职业技能等级证书）证书制度，同时积极推动产教融合、实训基地打造。深化校企合作、产教融合是党中央的重大决策部署，是牵一发而动全身，关乎教育、科技、人才、产业各个领域，具有基础性、先导性、全局性的战略性设计。2020 年 7 月，教育部、工业和信息化部印发的《现代产业学院建设指南（试行）》指出，培养适应和引领现代产业发展的高素质应用型、复合型、创新型人才，是高等教育支撑经济高质量发展的必然要求，是推动高校分类发展、特色发展的重要举措。

　　随着"职教 20 条"等国家重大职业教育改革政策的实施，广西机电职业技术学院坚持党的全面领导，始终把立德树人摆在首要位置，立足服务产业高质量发展和新时代学校高质量发展的现实需求，培养了一大批产业需要的高素质应用型、复合型、创新型人才。2021 年 1 月 14 日，广西机电职业技术学院成功举行"校企合作产业学院成立大会高技能人才引进签约暨金岸精英学院技术服务人才技能大赛开幕仪式"，与华为、吉利汽车、柳工、玉柴等 91 家世界 500 强、世界工程机械 50 强行业龙头和领军企业"强强联姻",共建智能制造、智能控制、汽车、人工智能、智慧物流、智慧建筑、乡村振兴、文化与旅游、创新创业 9 个特色产业学院。同时成立 9 个产业学院,是全国高职院校中一次性成立数量最多、联合行业企业范围最广的一次,也是学校"校企合作、产教融合"开花结果的又一里程碑事件。

本书是广西机电职业技术学院推进校企合作、产教融合、协同育人过程中的探索与研究总结。本书针对专业与产业、职业岗位,专业课程内容与职业标准,教学过程与生产过程,学历证书与职业资格证书之间连接不全面、对接不明确,校企合作、产教融合过程中,"企业冷、学校热""校长热、教师冷"等问题,探索校企合作、产教融合体制机制的构建与实施问题。在研究过程中,课题组对校企合作、产教融合的起源、发展状况以及国内外职业院校实践成效进行了比较和归纳,厘清校企合作、产教融合的本源、标准和实质,提出了校企合作、产教融合机制在职业院校实施的路径设计及具体实施路线和流程。

本书由广西机电职业技术学院校企合作、产教融合课题组总体构思、全面设计、拟定提纲和修改审定,由陈勇教授、黄政艳教授担任总策划,黄政艳教授为主要撰写人,钟华副教授、韦传亮教授参与撰写。由于课题组成员水平及视野的局限,本书难免存在疏漏及不足,欢迎专家和广大读者多提宝贵意见和建议。

课题组
2021 年 12 月

目　录

第1章 校企合作与产教融合

　　校企合作是推动职业教育实现职业性、技能性、开放性和实践性的职业教育模式。近年来，新加坡等新兴工业化国家为代表的职业教育创新和实践，再次证明校企合作是一种行之有效的职业教育模式。随着我国市场经济改革的深入和产业结构的调整，以就业为导向、服务为宗旨的职业教育改革进一步深化，校企合作、工学结合人才培养模式日趋完善，校企合作将成为职业教育的常态，是培养技术技能型人才的必由之路。

1.1　校企合作的形成和发展

　　校企合作、工学交替人才培养最早产生于 1903 年的英国桑德兰特技术学院，学校发现工业化社会更需要的是工程技术和技能型人才，而传统教育模式已不能适应工业社会对人才的新需求，于是它在工程船舶与建筑系率先尝试"三明治"教学的实践。"三明治"教学主要是指实施学生在学校和企业之间进行穿插式学习的教学方法，学生在学校和企业交替进行学习和实践，达到掌握技术技能的目的。校企合作实施的关键点为：企业实践、工学交替、工程技术人员和教师合作授课。

　　美国辛辛那提大学 1906 年最先提出 CO-OP（带薪实习）机制。CO-OP机制是一种学习与工作相结合的合作教育教学方式，要求学生在大学期间有 6个学期到企业工作和实习。这种机制既让学生在毕业之前拥有足够的实践经验，同时又让学生真正了解企业对人才的内在需求。1909 年，美国东北大学在工程学院实施 CO-OP 机制，并要求该院所有学生都参加。1917 年辛辛那提大学将 CO-OP 机制的实施范围从工程专业拓展到商业经营管理专业。1919 年麻省理工学院开始在工程系实施 CO-OP 机制。1921 年，美国安提亚克大学在所有专业中实施了以 CO-OP 机制为主导的合作教育，将产学合作教育的功能从单纯增加学生的实践经验和提升就业竞争能力上升到培养学生综合素质的高度，合作教育的形式也不断创新。1962 年，美国成立了合作教育委员会；1976 年，美国颁布高等教育法，设立了独立的合作教育基金，为校企合作建立了稳定的经费投入机制。

1983 年世界合作教育协会成立，标志着校企合作教育模式得到国际普遍的认可。

1.2　校企合作的内涵

我们所说的校企合作，国际上实际通称为合作教育。关于合作教育，国际上有如下几种表述，如表 1-1 所示。

表 1-1　国际上有关合作教育的几种常见表述

教育机构	合作教育内涵界定
美国国家合作教育协会	合作教育是一种独特的教育形式，它将课堂学习与在公共或私营机构中有报酬的、有计划的和有督导的工作经历结合起来；它允许学生跨越校园界限，能够让学生提前熟悉企业环境，获得基本的实践技能，增强学生的自信心和帮助学生确定职业方向
加拿大合作教育协会	合作教育是一种在形式上将学生的理论学习与在合作教育雇主机构中的工作经历结合起来的培养方式。通常这种培养方式提供学生在商业、工业、政府及社会服务等领域的工作实践与专业学习安排，并且这些安排会定期进行轮换
世界合作教育协会	合作教育是将课堂上的学习与工作中的学习结合起来，学生将理论知识应用于现实的实践中，然后将在工作中遇到的挑战和学习到的知识带回学校，促进学校的教与学

对于合作教育，美国、加拿大等国家不仅建立了评估系统和程序，还明确了评估标准，其要点如表 1-2 所示。

表 1-2　合作教育评估标准

教育机构	合作教育评估标准
美国工程技术评估委员会	合作教育中进行轮换的每一个"工"和"读"学期的时间长度要大致相同；工作经历的总时间不得少于 12 个月；合作教育学生需按时在学校注册；学生的工作与其学业目标和职业目标要有联系，并且学生在工作期间要逐步承担责任更大的工作
加拿大合作教育协会	合作教育中每一个工作地点都是经学校开发或被认定为合适的学习场所；学生从事的是实际工作而不仅仅是观察；学生的工作是有薪的工作；学生在工作上的进展是由学校督导的；学生在工作中的表现是由雇主管理和评价的；合作教育总的工作时间要占学习时间的 50%，在任何情况下都不得低于 30%

这些评估标准，主要突出了对"工"的性质界定，明确了"工"的最低时间长度要求，强调的是与学生所学专业有联系的、经学校认可的工作，是由学校督导、由雇主考核的、有薪的实际工作。至于对"工"与"读"如何进行编排，则有较大的灵活性，可形成多种具体的模式。

尽管各国对合作教育有不同的表述，但主旨却是一致的，即合作教育是一种把学生的课堂学习与有报酬、有计划、有监督、有考核的实际工作经历结合起来的一种模式，并且这种工作经历是与学生的学业目标和职业目标相联系的。合作教育不但符合"实践、认识、再实践、再认识"的认知规律，也符合我国教育与生产劳动相结合的教育方针。

要取得有报酬的工作，学校必须联系社会、联系企业，并与企业建立密切的关系。因此，校企合作应该是职业院校与企业就技术技能人才的培养达成职业教育各环节的合作协议，包含培养方案、师资、实习实训、就业等方面，校、企双方利用各自不同的环境和资源，通过人员交流、技术研发、实习培训、设施设备的共享等方面的合作，达到共享、共赢的一种培养方式。

1.3　国际四大职业教育模式

进入 20 世纪，随着以机器大生产为代表的现代工业飞速发展，西方发达国家的人才结构逐渐发生改变，尤其是工程技术技能型人才出现短缺，面对传统教育与工业化社会需求的脱节问题，一些敏锐的西方工程类学院先后探索了各种与社会急需的工程技术密切相结合的技术教育模式，比较著名的是英国商业与技术教育委员会（BTEC）、德国的双元制、加拿大的以能力为本位教学模式（CBE）、澳大利亚的技术与继续教育（TAFE）等，如表1-3所示。

表1-3 国际四大职业教育模式

职业教育模式	含义	实施方式	主要要点
英国的BTEC	·BTEC是以工学交替进行关键技术技能教育与职业资格教育的教学模式	行业主导、政府参与、学校实施的职业资格教育	①政策法规：国家有健全的政策法规。 ②组织管理：政府制定职业资格框架、职业资格证书标准和职业准入制度；由行业协会制定课程标准和教学大纲。 ③专业设置：专业课程模块化，通过不同的模块组合不同的专业方向。 ④课程：分为通用能力、专业能力课程。 ⑤教学：以学生为中心的学习支持系统。 ⑥评价：以课业考核为主、多种形式并用。 ⑦质量控制：内审和外审相结合
德国的双元制	·教育实施双元→学校和企业 ·教学内容双元→理论与实践 ·教学场所双元→学校与企业现场 ·教师双元→学校教师和企业教师 ·学生身份双元→学生和实习生	政府主持，行业主导、企业和学院实施	①政策与法律：1969年颁布职业教育法等一系列法规和设置一套职业教育监督系统。 ②组织机构：联邦教育与研究部、联邦经济与技术部和联邦劳动与社会部（BMAS）以及联邦职业教育研究所。 ③管理：政府制订职业分类名称、培训内容、考核要求。行业协会组织考核和职业资格认证。 ④专业设置：以职业分析为导向，一个职业群对应一个专业。 ⑤培养目标和教学内容：分为社会能力、方法能力和专业能力。 ⑥教学实施：学校和企业共同完成，采用产学结合，行动导向等方式进行教学。 ⑦教学评价：由国家统一进行考核

表1-3(续)

职业教育模式	含义	实施方式	主要要点
加拿大的 CBE	CBE 是加拿大为代表的以能力为本位的职业教育模式	政府主导、行业参与、学院实施	①政策法律：加拿大在 1960 年通过《技术和职业训练支持法》，1981 年通过了《国家培训法》，1991 年建立了职业分类体系、职业标准、职业准入和职业手册。 ②组织管理：省和地区设立学院和大学管理部。 ③专业设置：以就业和社会经济发展为依据。学院各专业设有专业顾问委员会，负责专业设置、教学计划制订和质量调查工作。 ④培养目标与课程开发：应用职业分析方法确定。 ⑤教育教学：以学生为中心，用学习包、技能学习指导书和学习计划等方式，充分利用学院建立的工业资源中心开展学习活动。 ⑥学业成绩考核：以学生的表现和操作结果为主。 ⑦教育质量评价：以学生就业为主
澳大利亚的 TAFE	·TAFE 即技术与继续教育，它是澳大利亚一种独特的职业教育培训体系。 ·政府引入、实行和推广培训包。它将行业技术培训与技能证书相结合	政府主持、行业主导、学院实施	①政策和法律：1988 年开始，国家政府和各州政府颁布了一系列法律。 ②管理：建立了澳大利亚职业资格框架、培训包和职业资格认证框架 ③专业设置：行业组织用职业分析法，建立培训包，学院选择培训包中的一组课程。 ④培养目标：以国家职业资格认可的标准为依据。将职业能力分为关键能力和专业能力。 ⑤教学：采用融理论、实践的项目教学法。 ⑥评价：采用统一标准，采取观测、口试、操作结合的考核方式

从表1-3的内容可见，以上四种教育模式均是体现服务社会、服务经济、服务职业、服务人的教育理念，主动适应就业市场和生源市场的变化，以学生为中心，以培养职业能力和职业素质（学会求知、学会做事、学会共事、学

会生存）为本位，以工学结合、校企合作为基本途径，以培养生产、管理、服务一线技术技能型人才为目标的职业教育教学解决方案。

四种教育模式也体现了以下共同特征：①具有明确的定位；②有国家政策法规的保障；③国家、地方政府组织机构的协调；④政府和行业、企业组织专业、课程、教学内容、评价标准开发和建立质量监控体系；⑤以学生为中心、能力为本位、校企合作、工学结合、灵活多样的人才培养模式；⑥采用任务驱动项目化、一体化、工学交替、工学结合等行动教学方法，等等。

1.4　校企合作的分类

按实施主体、时间、地点、方式的不同，校企合作可以分为以下几种不同的类型：

1.4.1　按实施的主体分类

1.4.1.1　校企双主体

德国的双元制职业教育模式是这种校企合作形式的典型代表。这种校企合作形式具有如下特点：双元制包括学校和企业两种培训机构，学生具有学生和企业员工两种身份，专业理论教学和技能培训两种教学内容，理论授课和实训授课两类教师，理论和实训两种教材等。双元制教育形式下，学生30%～40%的课程在企业中进行，内容完全是按照企业生产要求进行的实际操作技能培训，也是企业员工进行的生产性劳动。基础培训、专业培训和专长培训始终都是围绕职业实践活动由浅入深而开展的。办学经费由企业和政府共同承担。

1.4.1.2　学校主导、企业辅助

美国的合作教育和英国的"三明治"的教育属于这种形式。这种校企合作形式的特点，主要是学生的学习在学校与企业交替进行，在企业的学习时间一般以周、月或学期为单位，学生平均每周大约有40小时的工作时间。在企业学习期间，学生与企业要达成协议，并取得相应的工作报酬。之后，又出现了"半天交替制"，即学生一般在学校接受半天的理论学习，下午或晚上进入企业进行实践性的兼职工作，而且可以获得应有的报酬。这样一来，学生每周大约有20小时的工作时间。这种"半天交替制"不仅适合全日制学生，而且适合那些超过学龄或有着不同学习时间要求的学生，这对他们来说更有着特别的意义，其普适性与方便性大大提升。

1.4.2　按实施的时间分类

我国高职教育实施的校企合作、工学交替培养模式大部分采用时间段来定义，即用在校学习的学年（m）+在企业实践的学年（n）来体现。比如，2+1模式、1+2模式、2.5+0.5模式、1+1+1模式、0.5+2+0.5模式等多种。其中，实施2.5+0.5模式的学校最多，其中0.5是指带薪顶岗实习，也称为预就业。

还有的学校根据合作企业生产经营的季节性特征和周期性特点，如铁路的春运、旅游的旺季、会展的周期、建筑的最佳施工期等，灵活地安排工学交替的时间。

1.4.3　按实施的地点分类

1.4.3.1　教学工厂

教学工厂是指学校自办的生产、服务企业、合作企业等把与学校对口的车间、服务场所设在学校，实现生产车间与教室合一、学生与学徒合一、教师与师傅合一、教学内容与工作任务合一、教学实践与生产科研合一、作业与产品合一、实训基地管理与企业管理合一、考核标准与职业标准合一。该模式不但方便了学生，还使学校在教学上具有更多支配权。

1.4.3.2　厂内工学基地

企业除了应安排职业院校学生顶岗实习的车间、工位和兼职指导师傅外，还应单独设立为学生实训和实习服务的车间，该车间具有教学、培训和实习功能，有固定管理人员和专职企业指导师傅，因此该基地又可称为厂内工学基地。运用这种模式的企业具有更强的主导作用，学校按照"实际、实用、实效"的原则组织教学，一般生产技术含量高、规模大的企业宜采取此种模式。

1.4.4　按实施的方式分类

1.4.4.1　半工半读

这种方式是将课堂上的学习与工作中的学习结合起来，学生将理论知识应用于与之相关的、为真实的雇主效力且通常能获取报酬的工作实际中，然后将工作中遇到的挑战和增长的见识带回课堂，在学习中进一步分析与思考。这种模式对企业、学校、学生来说，三者能够达成多赢。一方面，这种模式弥补了学生单独在学校学习的缺陷，帮助其获得社会经验和劳动报酬；另一方面，这样的学生将是社会的后备劳动力，他们可以缓解劳动力短缺的问题。通过企业的岗位锻炼，学生毕业后能直接融入社会，缩短适应时间。这种模式的实施必须由校企共同制订培养方案，统筹专业课程体系，安排教学计划。

1.4.4.2 订单培养

订单培养是指企业根据自身发展的需求进行的"人才定制"。在学生毕业前，企业向学校预定一定数量的学生，按照企业岗位的要求，校企共同修订教学计划，增设或更换部分企业课程（或校企共同开发的专业课程）和技能训练，校企共同培养、共同管理。企业一般也要支付部分培养成本。

1.5 我国职业教育校企合作的发展

早在 1919 年，我国教育学家陶行知先生在《教学做合一》一文中针对我国传统教学中"学校里先生只管教，学生只管受教"的现象，提出"教学做合一"的新型教学理论主张。陶行知先生的"教学做合一"这个理论包括三方面：一是事怎样做便怎样学，怎样学便怎样教；二是对事说是做，对己说是学，对人说是教；三是教育不是教人，不是教人学，乃是教人学做事。无论哪方面，做成了学的中心，即成了教的中心。要想教得好，学得好，就须做得好。要想做得好，就须"在劳力上劳心"。

我国近代的校企合作，可以说是从 1866 年制造军舰的福建马尾船政局附设的船政学堂开始的；1868 年，福建船政学堂已由绘事、管轮、驾驶、艺圃四部分学堂组成；福建船政局既管学堂，又管工厂；教员既是教师，又是工程师；学生要参加工厂劳动，又承担生产任务。这是一种典型的校企合作培养模式。

1867 年，制造枪械的上海江南制造局附设机械学堂成立，为该局培养技术人才。船政学堂把船舶工程学校与海军学校合二为一，是一所按技术分设专业的近代职业院校。

1902 年 7 月清政府颁布《钦定学堂章程》（又称"壬寅学制"），实业教育才从制度上被正式确定。1903 年，清政府修正《钦定学堂章程》并于 1904年 1 月推出《奏定学堂章程》。至此，实业教育从学制上取得了独立的地位。1917 年 5 月 6 日，黄炎培联合教育界、实业界、政界知名人士蔡元培、严修、张謇、梁启超等 42 人在上海发起成立"中华职业教育社"。该社为解决国家"最重要、最困难的生计问题"，从教育入手，开展职业教育宣传、推广、改进等项工作，并创办刊物《教育与职业》，提出"劳工神圣""双手万能"的口号。它标志着中国职业教育开始由模仿向独立研究转型。

新中国成立后，我国进行了一系列重大的职业教育探索和实践。1952年，我国建立中等专业教育制度和技工教育制度，1958年，毛泽东同志在一次谈话中指出"教育为无产阶级的政治服务、教育与生产劳动结合"。这对促进学校教育理论联系实际、学校与社会基层相结合等重大问题起到积极作用。在如何实现教育与生产劳动相结合的问题上，毛泽东同志提出了职业院校可以办工厂、农场的意见。1958年9月《中共中央、国务院关于教育工作的指示》将"教育为无产阶级的政治服务、教育与生产劳动结合"列为党的教育工作方针。

但校企合作真正作为一种与国际接轨的开始的培养模式，系统地进行研究、试验、推广与实施，是从20世纪80年代开始的。1985年，上海工程技术大学纺织学院与加拿大滑铁卢大学合作，在我国试验一年三学期的工学交替教学模式，这被视为我国校企合作教育开始的标志。

2002年，《国务院关于大力推进职业教育改革与发展的决定》（国发〔2002〕16号）中明确提出"大力推行工学结合、校企合作的培养模式"，规定高职院校学生在企业实习实训时间不得少于半年。这样，校企合作教育开始以政府法规的方式确定下来并具体化。2005年《国务院关于大力发展职业教育的决定》（国发〔2005〕35号）第一次明确地将高职人才培养模式界定为："工学结合、校企合作的培养模式"，且要求这种人才培养模式中的"学生实习实训时间不少于半年"。2006年，教育部《关于全面提高高等职业教育教学质量的若干意见》（教高〔2006〕16号）中明确地将"高等职业教育作为高等教育发展中的一个类型"，重申"把工学结合作为高等职业教育人才培养模式改革的重要切入点，带动专业调整与建设，引导课程设置、教学内容和教学方法改革，使学校在校企合作中创新人才培养模式"。

国家的政策法规为职业教育的改革、发展指明了方向，也为我们从事职业教育改革、创新提供了政策和法律保障。

1.6　校企合作体制机制的含义

对于一个组织机构的体制机制，一般来说，体制主要指一个组织机构的组织制度，即组织系统中的制度规定、权限划分和隶属关系；而机制则是组织内部各组成部分之间相互关联、相互作用并促使系统保持正常运行的工作方式。由此可见，体制机制的主要要素包含组织架构、组成组织各部分之间的隶属关系、组成组织的各部分权限、规章制度、工作方法和工作流程等。

高职院校的校企合作体制机制可以这样来定义：建立一个由政府、行业协会、企业和学校等主体组成的组织，建立该组织有关激励、制约和保障的规章制度，在人才培养方案、课程、师资、实习实训、就业等方面开展合作，确保校企合作、工学结合人才培养模式规范有序、高效运行。

校企合作机制的建设，是校企合作有效运行的保障。建立校企合作的动力、激励和约束机制，才能保障校企合作保持长期、稳定、健康发展。校企合作机制的主要内容如表1-4所示。

表1-4 校企合作机制的主要内容

机制名称	机制内容
动力机制	· 利益驱动是校企合作的动力。动力机制关键在于满足学校、企业和学生等利益相关者的利益追求，形成利益驱动机制。 · 对学校，确保以服务区域社会经济的人才培养就业质量来评价职业院校的办学效益，并将其与财政拨款相挂钩。 · 对企业，确保企业在合作中能获得预期的利益，包括：优先获得毕业生的挑选权；可以利用学校资源对职工进行继续教育，依法享有一定的财政补贴或税费减免。 · 对学生，确保学生在参与顶岗实践中能获得真实的工作体验，并能取得一定的报酬，促进其更好地就业
激励机制	· 建立相关的法律、法规体系，从法律上规定企业参与职业教育的权利、责任和义务。 · 建立企业职业教育利益补偿机制，开征企业职业教育与培训税，规定达到某一经营规模的企业必须承担相应的职业教育与培训责任
约束机制	· 建立企业参与职业教育的鼓励性政策与不履行职业教育义务的惩罚性政策。 · 强化行业组织的管理和监督作用，形成行业组织对于企业的约束机制

资料来源：马成荣. 校企合作模式研究［J］. 教育与职业，2007（23）：3.

1.7 校企合作的具体内容

2008年1月，中国就业培训技术指导中心依据有关职业教育专家校企合作的研究成果和征集相关部门的有关意见，归纳和提炼校企合作的内容。校企合作内容涉及技术技能型人才培养的全过程，包括发展规划、专业建设、课程建设、师资建设、实习教学、教学评价、研究开发、招生就业、学生管理9个方面。每项合作内容对应有基本形式、延伸形式、拓展形式等不同阶段、不同等级要求而又有着内在联系的合作形式。内容共有 35 种合作形式，其中基本形式 12 种，延伸形式 11 种，拓展形式 12 种。每一种合作形式都反映了学校与企业合作过程中所要建立的运行机制，如表 1-5 所示。

表 1-5 校企合作具体内容

合作内容	基本形式	延伸形式	拓展形式
1. 发展规划	成立校企合作指导委员会	校企共建战略伙伴关系	校企共建技能人才培养培训集团或联合体
2. 专业建设	学校成立专业建设委员会	校企共建重点专业和新专业高层决策机制	建立由企业主导的专业建设协调机制
3. 课程建设	校企共同制订教学计划	校企共同确定课程体系	企业主导课程开发
4. 师资建设	校企共同组建师资队伍	企业专家培训教师	企业相关人才到学校实行"阶段性全脱产"教学
	学校培养、培训师资	学校教师参与企业的技术攻关和技术设备更新改造	学校从企业直接调入高技能人才充实教师队伍
5. 实习教学	学校建立校内实习基地	校企共建实习基地	引企入校建立生产实习基地
			校企一体化管理
		产教结合开展实训	学校在厂区建立教学区
6. 教学评价	学校为企业参与考核评价创造条件	校企共同建立教学评价制度	建立企业评价学生职业能力制度
	学校开展用人单位满意度调查		
	学校对毕业生就业进行跟踪调查		
7. 研究开发	学校建立专门教学研究机构	校企共同开展研发或学校为企业提供技术服务	建立区域性研发机制
8. 招生就业	学校制定招生培训就业计划	校企共同举办在职技工高技能提升培训班	企业组织招生和培训

表1-5（续）

合作内容	基本形式	延伸形式	拓展形式
9. 学生管理	学校按照企业要求制定学生行为规范	校企共同组织实施操行考核	校园文化融入企业文化内容

资料来源：中国就业培训技术指导中心《校企合作的内容与形式对照表》。

1.8 产教融合

1.8.1 产教融合的形成和发展

过去，为顺应社会经济高速发展对应用技术型人才的迫切需求，我国职业教育逐步发展形成学校教育与产业深度合作的格局，主要集教育教学、生产劳动、素质养成、技能历练、社会服务于一体，以行业为导向，培养具有创新能力的应用型技术人才。这是产教融合发展的初级阶段，也可以称为是产教融合1.0时代。1.0时代存在的普遍问题，一是企业内驱力不强。企业面临激烈的市场竞争，具有生存紧迫感，因此，企业浮躁、急功近利的思想较为严重。有些企业认为，与高校进行产学研合作会无形增加企业运营成本，同时企业也难以承受学生的实习安全风险，在这样的背景下，校企合作多流于形式，缺乏长期保障与规划，不具备可持续发展性。二是专业建设不可持续。虽然也是以行业为导向进行专业建设，但因为企业参与度不足、教育者对行业缺乏深入的认识，专业预见性不足，教育改革决心不足，学校并未真正按照行业发展趋势进行专业建设，仅仅通过改良难以形成可持续发展。三是产教融合流于形式。此阶段，围绕产教融合实训基地展开校企合作、专业建设、学生实训、实习就业等一系列活动，但这些活动仅仅针对分散的多个教育要素，缺乏将行业、高校、企业资源整合联系的平台化思维，并未实现真正的产教融合。

"产教融合"这个概念在我国的提出经历了一个长期不断发展变化的过程。1996年9月起施行的《中华人民共和国职业教育法》中还没有产教融合这个概念，只是提出职业教育要实施"产教结合"。在2010年7月颁布的《国家中长期教育改革和发展规划纲要（2010—2020年）》中仍只是提出推进"校企合作制度化"。直至2013年11月12日党的十八届三中全会制定的《中共中央关于全面深化改革若干重大问题的决定》（以下简称《决定》）才第一次提出"产教融合"，《决定》指出要"深化产教融合，校企合作"，并且将这两个概念同时提出。2014 年 5 月 2 日国务院颁布《国务院关于加快发展现代职业教育的决定》（国发〔2014〕19 号），提出要"加快现代职业教育体系建设，深化校企合作、产教融合，培养数以亿计的高素质劳动者和技术技能人才。"2014 年 6 月 16 日《现代职业教育体系建设规划（2014—2020 年）》提出"到 2020 年，形成适应发展需求、产教深度融合、中职高职衔接。"2017年 10 月 18 日习近平总书记在中国共产党第十九次全国代表大会上的报告中指出"要深化产教融合。"2019 年 1 月 24 日《国家职业教育改革实施方案》要求"促进产教融合校企双元育人机制，狠抓教师、教材、教法改革，打一场职业教育提质升级攻坚战。"2019 年 2 月《加快推进教育现代化实施方案（2018—2022 年）》提出"健全产教融合的办学体制机制。"从以上变化历程我们可以看出，产教融合的概念是随着我们的认识发展而逐步产生的，而且这一变化历程对职业学校提出了更高的要求。

1.8.2　产教融合的特征

从字面含义的角度分析，产教融合最本质的属性是"产"字背后的经济属性、"教"字背后的教育属性以及"融合"背后的融合属性。从历史起点与逻辑起点统一性的角度分析，产教融合发端于职业教育领域，扩展至高等教育领域，辐射产业领域。所以产教融合的特征与职业教育特征相似，即职业性、技术性和终身性，其中职业性和技术性均为经济属性的体现，产教融合与产业紧密相关，所以产业性也是不可忽视的部分。最后，产教融合的本质属性还应包含教育学的知识性。

从经济属性的角度出发，职业性在产教融合中主要体现在职业形态、职业能力和职业资格上，职业院校专业结构与产业结构对接，自上而下建立专业和产业对接的高层布局，实现产教融合的执业形态。产教融合的人才培养目标是为学生培养良好的职业态度、职业技能和职业资格。技术性充分体现了产教融合过程中职业院校和企业之间在技术上的耦合关系。产业性主要表现在产业集群和产业发展上，产业集群是职业教育深化产教融合的应然条件。

从教育属性的角度出发，终身性主要体现在产教融合的动态发展过程和人才培养目标的终身学习理念上，产教融合可以为终身学习理念提供相应的实践条件。知识性主要体现在产教融合需要开发创新型、复合型且具有工匠精神的人力资源，职业教育的人才培养目标由培养简单的技术型人才向多元化技能型人才转变，知识性的理论学习尤为重要。产教融合的融合属性有两个前提，首先是融合的主体为多个不同的组织形式，其次是融合程度要实现紧密联系和充分融汇，最后形成一种不同于前者的新组织。

1.8.3　产教融合与校企合作的区别与联系

产教融合与校企合作的概念表述有些接近，但是本质完全不同。校企合作主要是指职业学校与企业之间的合作，其目的主要是解决学生实习实训的问题，强调的是职业学校学生的职业体验，企业与学校并没有形成一个综合的产业性经营实体，所以它并不是一种浑然一体的办学模式，其最本质的特征是学校与企业只是相互独立的个体。产教融合强调学校和企业密切合作、协同育人，学校与企业的合二为一，这既是一种人才培养的教育理念，也是一种办学模式。在理论层面讲，校企合作是产教结合的下位概念，是指职业院校与企业的合作，是在微观上具体的院校与行业、企业开展的特定项目的合作，包括专业设置、课程教材开发、学生实习实训、专兼职教师培养聘用，以及企业文化与校园文化的融合问题等。其实二者的概念是相互包含、相互统一的关系。

1.8.4　产教融合的合作模式

1.8.4.1　技术合作模式

高职院校与企业开展资源整合优势互补的技术性合作，例如，成立技术研发中心、大师技术技能工作室等。根据校企合作项目发展的不同阶段和进展程度，对技术合理分工以及资源进行合理配置，学校将技术成果输入企业，从而缩短技术输入的周期，缓解企业因科研投入不足、专业人才结构不合理而引起的创新滞后等问题，并且学校投入也在一定程度上分担了企业的成本。

1.8.4.2　科技攻关项目模式

高校和企业联合进行国家或者地方产学研项目的攻关，一方面学校引进了企业的技术创新和产业升级技术的知识，另一方面锻炼了学校师生的科研能力、提升了高校服务地方经济的水平。同时，校企联合科技攻关加快了学校的科研成果积累，并将科技成果转化为现实生产力，为企业带来直接经济利益，又帮助企业积累了一定的实战经验且增强了自身创新的能力。

1.8.4.3　现代学徒制模式

作为近几年教育部提出的一种技术技能型人才培养的创新模式，现代学徒制模式旨在通过学生、学徒的"双身份"，学校、企业的"双主体"来联合培育人才。学校教师与企业老师施行"双导师"制，通过前期学校与企业调研，双方共同确立人才培养方案、课程标准、人才评价体系等，实现校企深度融合。

1.8.4.4　职教集团模式

政府机构、行业组织、企（事）业单位、职业院校、研究机构和社会组织六大类组成的职教集团，围绕地方支柱产业或者特色产业进行优势互补、资源共享、合作发展，为职业院校与行业企业的发展提供全方位的保障。

1.8.4.5 共建实训基地模式

该模式下，学校负责提供实训场地以及部分的设备和资源，企业提供目前生产实践中新型的实训设备或者投入部分经费，在校内共同建设实训基地共同完成校企合作的实训项目，以及实践授课的环节。通过实训基地培训的学生能够直接上岗并会使用新型设备，实现教学与就业的对接与贯通。

1.8.4.6 共建二级学院模式

通过前期校企双方充分沟通，学校根据企业的实际需要进行与之相匹配的教学环境设计与实施，企业投入部分实训设备并派遣一支常驻学校的企业教师团队，与学校共同负责新建学院的招生与宣传，并可按照一定比例计提学生学费，学校将企业教师与校内教师进行混编，共同完成常规的教学任务以及年度考核任务等，校内教师负责常规专业的授课，企业教师重点负责专业实训实践课的教授，从而实现校内的双主体育人模式。

1.9 职业教育的硬核力量

职业教育作为培养人力资源的基础要素、产业布局和结构优化的促进因素、区域发展的政策工具，在其中发挥着重要的作用。随着国家进入高质量发展阶段，职业教育也将进入提质培优新阶段。新阶段，职业教育服务区域发展应该有更宽的视野和更高的要求，更加强调服务区域发展的适应性，更加强化人才培养的精准性、专业调整匹配的敏捷性、科技服务的持续性和创新引领的先导性等"硬核"力量。职业教育需要在以下重点任务上下功夫，助推区域转型提升。

1.9.1 培养区域技术进步的实现者与转化者

当前，各地把培育和发展"四新（新技术、新产业、新业态和新模式）经济"作为提升区域竞争力的主要途径。区域技术积累与进步是"四新经济"发展不可或缺的新引擎，也是区域发展的关键要素。事实上，技术进步和创新可分为基础研究、技术转化、市场应用、基层组织管理与优化等不同层次，职业教育服务区域技术进步主要着力于培养高层次的技术实现与转化人才，这也是职教区别于学术型、研究型人才培养体系的本质特征。

第一，亟须培养一批适应新经济发展的具备新型技术的转化能人和实现工匠。新经济大幅拓展了传统专业和岗位的分野，传统的技能转化与实现者终将被一日千里的新技术所淘汰，新经济模式需要新型的技术技能人才，完成产业升级后的技术转化。

第二，亟须培养一批擅长市场开拓与推广的应用型人才。这类人才能够准确把握市场规律和产业规律，通过市场拓展、整合和推广，扩大产品的市场影响力和社会知名度，进而为企业实现技术变现与品牌价值。

第三，快速培养一批擅长组织创新的管理型人才。在推进先进制造技术产业化的进程中，企业需要完成生产组织的管理模式优化与创新。这类人才能够准确分析科研成果和关键核心技术的组织需求，统筹企业技术开发、工程化和标准制定等工作，助力企业快速融入完整的产业链条。

1.9.2 构建与区域产业对接的专业调整机制

区域产业结构与职业教育专业结构之间存在着"互联互通、双向促进"的紧密联系，产业结构对专业设置的影响随着产业规模、发展速度的变化而变化。近年来，我国职教专业的设置与调整已加快步伐，但与产业领域迅速更迭的新业态、新技术、新物种相比，仍存在显著的时间差。

因此，职教专业设置的提质培优不仅体现在缩短时间差，关键还在于建立精准对接、快速反应的专业动态调整机制和优化策略，让能够灵活调整成为职业教育专业建设的硬核指标之一。其中延伸扩展骨干专业，构建新兴专业群以及适应新产业、新业态、新物种的专业项目快速生成等都是值得探索的新途径。

第一，围绕区域主导产业链，快速生成服务两端延伸的相关专业。职业院校要抓住产业链以制造为中心向以服务为中心转变的发展趋势，主动适应制造业在向前后两端延伸中的市场需要，根据学校专业特点，在服务型制造体系与产业生态中，逐步扩展专业设置的谱系宽度。

第二，建设专业群是覆盖新专业的有效途径，利用原有优势专业基础，实现跨界融合嫁接。每所职业院校都有若干经过长期办学形成的优势专业，专业调整应该立足原有的优势专业，围绕专业群面向的技术、服务领域，以新兴专业为依托，完善专业群人才培养模式、课程体系，进而打造以优势专业为核心的新兴专业群。

第三，从应用场景、新兴物种和产业新赛道中找准专业生长设置的新途径。面对新产业、新场景人才需求，传统的专业开设流程已经完全无法适应人力资源市场快速迭代的节奏，因此，职业院校需要考虑在全日制学历教育的基础上，探索长短结合、训育并行的模式，生成适应企业用人需求的新兴专业和短期培训项目。

1.9.3 打造区域产业创新网络的重要节点

在区域创新网络中，企业、大学与科研院所、职业院校、政府部门以及中介服务机构各个节点形成了各种正式与非正式联结。职业院校具有数量大、分布广、层次多等特征，恰好成为与产业、企业广泛而密切的网络节点，尤其是在技术与人力资源两大要素领域，具有节点性的重要价值。

第一，作为技术链节点，加速创新技术的转移与扩散。卓越的职业院校作为具备研发、应用以及培训等功能的网络节点，通过与产业集群内的企业以及区域内外的科研机构、公共管理机构等部门联结成为协同创新网络，集聚来自不同方向、层级的原创技术及应用反馈，使技术更易于通过网络扩散和转移，实现知识存量的增加，提高技术迭代的效率。

第二，作为关系链节点，强化创新网络的联结与协同。关系链为中小企业传递新技术、新产品、市场、融资等方面信息起到重要的作用，在区域创新网络发展中节约了大量人力成本和交易成本。职业院校通过在企业、集团乃至联盟之间搭建沟通协作平台，打造了技术创新萌发与孵化的协作共同体。

第三，作为项目链节点，集聚创新能量的输入与输出。节点间的项目合作会建立起彼此间的联结渠道和信任机制，因此，职业院校需要利用创新网络建立项目合作联盟，应对迅速崛起的新经济时代的新产业、新业态和新物种，接收来自企业行业的创新能量输入，同时利用自身的创新组织系统，实现技术的转化与输出。

1.9.4 成为区域产业公共服务平台的有机组成

近年来，区域产业公共服务平台在整体提升区域全产业价值链竞争力中具有越来越重要的作用和价值。

对于职业教育而言，在经历了"以人才培养为主直接对接新项目、新产业""以专业建设为重点服务区域主导产业""以创新引领与技术服务为主导的区域创新集聚体"等阶段之后，职教公共服务平台逐渐成为发展的焦点，最终产生了"围绕提升人力资本要素开展职业技能培训为基本形态的公共服务平台"。

广东省有500多家专业服务机构获批为国家级或省级中小企业公共服务示

范平台机构，建立了全省中小企业人力资源公共服务"平台网络"，汇集各类培训资源，为中小企业提供找得到、用得起、有保证的服务。广东省的实践证明，人力资源是最主要资源，培训则是技术创新转化的重要环节，市场化的职业培训服务平台则是推动产业公共服务平台发展的关键要素。

因此，职业院校要想在产业公共服务平台领域占有一席之地，就势必要积极参与及引导由政府主导、行业协会指导、企事业单位参与、社会培训力量补充的区域人力资源培训公共服务平台，构建专业对接职业、社会优势资源相对集中的人力资源培训联盟，建立以高质量就业为主要目标的区域人力资源公共培训系统，探索建立职业教育社会培训质量第三方监督与评估机制。

第2章 校企合作体制机制的设计

2.1 校企合作办学的宏观分析

2.1.1 我国高等职业教育发展历程

20 世纪 80 年代初期，我国一些经济较发达地区率先创办了一批新型地方性大学——职业大学，这就是我国最早具有高等职业技术教育性质的学校。1980—1985 年，经国家教委①批准，各地共兴办了 120 多所职业大学。它们共同的特点是自费、走读、不包分配。

1985 年，为适应经济社会发展对不同类型人才的需求，国家教委决定在上海电机制造技术专科学校、西安航空技术高等专科学校和北京防灾技术高等专科学校这三所中专学校基础上试办 5 年制技术专科教育，实现了中等职业教育与高等职业教育的有机衔接。

1991 年，经国家教委和中国人民解放军总后勤部共同批准，在中国人民解放军军需工业学校基础上，建立邢台高等职业技术学校，率先在全国试办高中起点的高等职业技术教育。当时，国家对试办学校的基本要求是"双起点""双证书"。经过几年的探索，我国形成了特色鲜明的"双起点、双业制、双证书、订单式"的高等职业教育办学模式，当时被国家教委称为"邢台模式"。1997 年，国家教委明确提出，新建高等职业学校一律定名为"某某职业技术学院"或"某某职业学院"。首批批准深圳职业技术学院和邢台职业技术学院挂牌。

1999 年教育部、国家计委印发的《试行按新的管理模式和运行机制举办高等职业技术教育的实施意见》提出：毕业生不包分配，不再使用"普通高等学校毕业生就业派遣报到证"，国家不再统一印制毕业证书内芯，以学生缴

---

① 即中华人民共和国国家教育委员会，成立于 1985 年 6 月；1998 年 3 月 10 日，新一届国务院机构改革方案经九届人大一次会议通过国家教育委员会更名为教育部。

费为主，政府补贴为辅，由举办学校颁发毕业证书，与普通高校毕业生一样实行学校推荐、自主择业的政策，改变传统的专科人才培养模式，加快专科教育向高等职业教育转变的步伐。这一政策是我国高职教育进入快速发展时期的重要标志。

2000年，为大力推进高职高专教育人才培养模式的改革，教育部提出了我国高职高专教育的办学指导思想、人才培养工作重点和工作思路。经过几年的实践和探索，逐渐形成了一批能主动适应区域经济发展需要、特色鲜明的"校企合作、工学结合"人才培养模式的高职院校。由此高职教育界对高职教育逐渐形成了共识：以服务为宗旨，以就业为导向，走产学研相结合的道路。

1999—2006年，我国高职教育的规模迅速扩大，已经占据我国高等教育的半壁江山。到2006年年底，全国独立设置的高职学校数量为1 147所；高职院校招生人数为293万人，超过了普通本科招生人数；在校生人数为796万人，接近普通本科在校生人数。

2006—2009年，教育部和财政部正式启动了"国家示范性高等职业院校建设计划"。国家在"十一五"期间安排20亿元重点支持100所高水平示范院校建设，除了领导能力领先、综合水平领先、教育教学改革领先、专业建设领先、社会服务领先，具有良好的建设环境外，还要求在人才培养模式、实验实训基地建设、师资队伍建设、课程体系与教学内容改革等方面取得实质性突破，力争做发展的模范、改革的模范、管理的模范，以带动全国高等职业院校深化改革，提升我国高等职业教育的整体水平，引领我国高等职业教育健康持续发展。

2010—2013年，教育部、财政部再次投入10亿元，支持100所高等职业院校为"国家示范性高等职业院校建设计划"建设骨干高职院校。建设目标为引导建设院校创新办学体制机制，以专业建设为核心，加强内涵建设，提高人才培养质量，带动本地区高等职业教育整体水平的提升。

我国职业教育的发展历程如表2-1所示。

表2-1　我国职业教育的发展历程

序号	阶段划分	阶段内容	职教特点	代表
1	起步阶段（1980—1985年）	职业大学：初中起点的5年制技术专科教育	校际合作：中等职业教育与高等职业教育的有机衔接	120所职业大学，以及上海电机、西安航空和北京防灾3所技术高等专科学校

表2-1(续)

序号	阶段划分	阶段内容	职教特点	代表
2	探索阶段 (1991—1997年)	"邢台模式",也称"双起点""双证书"模式	双起点、双业制、双证书、订单式	深圳职业技术学院 邢台职业技术学院
3	快速扩张阶段 (1999—2006年)	成立职业技术学院	毕业生不包分配,不再使用"普通高等学校毕业生就业派遣报到证",国家不再统一印制毕业证书内芯,以学生缴费为主,以服务为宗旨,以就业为导向,走产学研相结合的道路	独立设置的高职学校数量为1 147所
4	内涵建设阶段 (2006—2009年)	示范性高等职业院校计划	在人才培养模式、实验实训基地建设、师资队伍建设、课程体系与教学内容改革等方面取得实质性突破	100所示范性高等职业院校
5	校企合作体制机制创新试点 (2010—2013年)	示范性骨干高等职业院校计划	引导建设院校创新办学体制机制,以专业建设为核心,加强内涵建设,提高人才培养质量,带动本地区高等职业教育整体水平的提升	100所示范性骨干高等职业院校

2.1.2 高等职业教育的发展趋势

2.1.2.1 国家和地方政府大力支持

2005年,国务院召开全国职业教育工作会议,明确提出大力发展中国特色职业教育,高等职业教育必须紧密联系经济社会,推进校企合作、工学结合的人才培养模式改革。2006年,教育部、财政部联合启动"国家示范性高等职业院校建设计划",经过100所示范校的建设和100所骨干校的试点,明确了以创新校企合作体制机制为重点,确立"校企合作、工学结合、顶岗实习"的人才培养模式,培养技术技能型人才。国家和部分地方政府纷纷提供政策和专款支持高等职业教育发展,如表2-2、图2-1所示。我国在探索办学体制机制和人才培养模式改革、增强社会服务能力、优质教育资源跨区域共享等方面取得了明显成效,促进了高等职业教育的全面改革,高等职业教育发展进入了一个新的历史阶段。该项政策为高等职业教育发展明确了方向,促进了高等职业教育的健康发展。

表 2-2　国家和壮族自治区政府对高等职业院校教育发展的支持情况

（截止到 2012 年年底）

类型	发展状况
国家职业教育政策	·推动体制机制创新 ·深化校企合作、工学结合 ·促进高职办出特色，全面提高高职质量 ·提升服务经济社会发展的能力
广西职业教育政策	·呼应国家政策 ·广西优势专业建设专款 ·广西示范校建设专款
国家高职教育规模	·国家独立建制高职院校 1 215 所 ·国家示范校 100 所 ·国家骨干校 100 所
广西高职教育规模	·广西独立建制高职院校 31 所 ·国家示范校 2 所 ·国家骨干校 3 所

—资料来源：根据国家和广西有关职业教育重大工程文件整理。

·《国务院关于大力推进职业教育改革与发展的决定》
·《国务院关于大力发展职业教育的决定》
·《教育部等七部门关于进一步加强职业教育工作的若干意见》
·《教育部关于全面提高高等职业教育教学质量的若干意见》

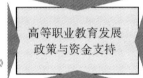

《广西壮族自治区大力发
展职业教育的若干规定》
· 《广西壮族自治区新时期
深化职业教育攻坚五年计划》

· 《广西壮族自治区人民政府
关于全面提高教育质量振兴
广西高等教育的若干意见》

高等职业教育发展
政策与资金支持

·广西打响职业教育攻坚战筹资6亿元
三年实现大发展
·国家骨干院校配套 6 000 万元
·实训基地建设专项 3 000 万元
·专业建设等专项 2 000 万元

·投入国家示范性高职院校建设专项
资金20亿元
·投入国家示范性骨干高职院校建设
专项资金10亿元

图 2-1　国家及广西壮族自治区政府高等职业教育发展政策和对高职教育的资金支持

（截止到 2012 年年底）

资料来源：根据国家和广西有关职业教育重大工程文件整理。

2.1.2.2　高等职业教育面临新挑战

进入 21 世纪，随着高等教育规模的扩招，高等教育的在校生人数从 2001 年的 719 万人（其中本科 424 万人、高职 295 万人），2012 年急剧增加到 2 363 万人（其中本科 1 403 万人、高职 960 万人），如图 2-2 所示。这一阶段出现了学校培养的人才与社会需求脱节的问题，即毕业生找不到工作，企业招不到合适的人才。

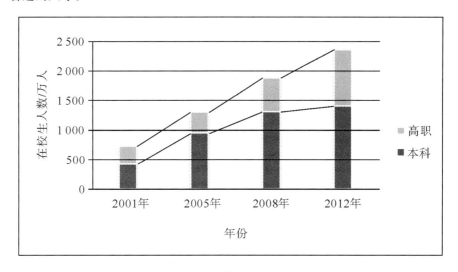

图 2-2 我国高等教育在校生分析

资料来源：根据全国教育事业发展统计公报等资料自行整理。

由此可以看出，无论是本科教育还是高等职业教育，其教育模式已开始由精英教育转向大众化教育，由社会需求转向对质量和品牌的追求；由规模发展为主转向提高质量为核心，学校主体转向合作办学、合作育人；由以"增加高校入学机会，获取就业技能"为重转向"区域经济社会发展"和"学生终身发展"两个服务并重；由计划发展向适应区域经济发展方式转变和向适应产业结构调整要求转变。

2.1.2.3 地方政府对职业教育的发展保持非常积极的态度

2012 年《广西壮族自治区新时期深化职业教育攻坚五年计划》提出，为巩固提高广西职业教育首轮攻坚成果，深入推进国家民族地区职业教育综合改革试验区建设，加强体制机制创新和内涵建设，充分发挥职业教育在扶贫开发中的重要作用，进一步提高职业教育服务富民强桂新跨越战略实施的能力，制定了深化职业教育攻坚五年计划。实施国家民族地区职业教育综合改革试验区建设重点工程，落实省部共建试验区协议和实施方案，重点推进首府南宁职教园区、工业基地柳州职教园区、北部湾（钦州、北海）职教园区、边界国门崇左职教园区等职教园区建设，探索园区条件下职业教育集中办学模式。

《广西壮族自治区新时期深化职业教育攻坚五年计划》提出，到 2015 年，初步建立现代职业教育体系，基本建成国家民族地区职业教育综合改革试验区，职业教育的办学水平处于西部地区前列、接近发达地区水平。职业教育对就业和扶贫开发的贡献率显著增强，为西部经济强区建设提供数量充足、结构合理的技能人才支撑，服务富民强桂战略的能力得到大幅提高。具体指标：中等和高等职业教育在校生分别达 87 万人和 38 万人以上；逐步实行中等职业教育免费，职业教育促进扶贫开发的能力明显提升；建立符合现代职业教育体系要求的管理体制和运行机制；优质资源明显增加，建成 115 所示范特色职业院校和 300 个职业教育实训基地；基本形成学历证书与职业资格证书"双证书"同步制度；人才培养质量持续提升，促进就业和"富民"能力明显增强。广西深化职业教育五年攻坚 2010—2015 年期间的奋斗目标如图 2-3 所示。

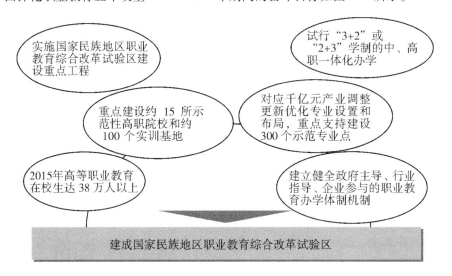

图 2-3 广西深化职业教育五年攻坚 2010—2015 年期间的奋斗目标

资料来源：广西壮族自治区人民政府 中华人民共和国教育部关于印发共建国家民族地区职业教育综合改革试验区实施方案的通知（桂政发〔2011〕36 号）。

2.1.3 我国高等职业院校校企合作发展历程

自我国出现高等职业院校以来，特别是经过 100 所国家示范性高职院校建设的探索和实践之后，高职院校校企合作可以分为三个层次（图 2-4）：一是学校主动、企业配合的合作。该层次是学校专业方向按企业所需确定，并在企业建立实习基地，建立专家指导委员会和实习指导委员会，主要解决学生实习问题。二是校企各取所需相互联合的合作。学校为提升专业建设内涵，企业需要某专业技能人才，建立专业指导委员会，制订切实可行的专业教学计划，按岗位群的分类确定专业能力结构，根据企业的需要进行人才培养。该阶段主要解决人才培养模式、课程建设、实训基地建设、师资队伍和订单培养等问题。三是校企共建利益共同体。企业与学校相互渗透，学校针对企业的发展需要确定人才培养、技术技能培训、技术服务和推广、技术成果转化；建立横向联合体，成立董事会（理事会），形成多元投资主体。企业主动向学校投资，建立利益共同体。该阶段主要解决办学体制机制问题，以专业建设为核心，加强内涵建设，提高人才培养质量。

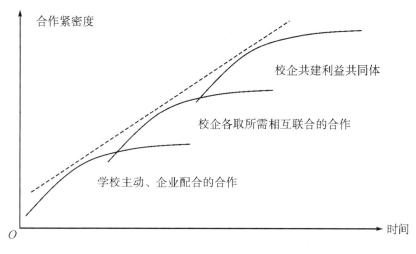

图 2-4　校企合作发展历程

2.2　校企合作办学情况分析——以广西机电职业技术学院为例

2.2.1　学院校企合作历史沿革

广西机电职业技术学院前身是广西机械工业学校，创建于 1958 年，1978 年经国务院批准升格为广西机械学院，1982 年与广西轻工学院和广西化工学院合并组建广西工学院，同时复办中专。1994 年经广西壮族自治区人民政府批准同时开办广西机电职工大学，1999 年经教育部批准转制为公办普通高等学校——广西机电职业技术学院。2008 年，学院成为"国家示范性高职院校建设计划"重点培育院校；2010 年学院被教育部、财政部确定为全国首批"国家示范性高职院校建设计划"骨干院校，2013 年通过教育部、财政部验收，取得良好成绩。建校 60 多年来，通过长期校企合作的探索与实践，特别是 2008 年学院被教育部、财政部定为国家示范性高职院校建设计划重点培育院校建设单位，以及 2010 年被确定为全国首批"国家示范性高职院校建设计划"骨干院校以来，学院校企合作建设取得了明显的效果，探索了以技术赢支持、校企自然合作的校企合作新模式，牵头建立了广西工业职业教育集团，搭建了校企合作运行框架。

2.2.1.1 校企合作，源远流长

自建校以来，学院一直定位为机械行业的院校，一直沿用理论教学、生产实习、毕业实习的教学模式，与中国机械协会、广西机械行业以及广西制造业企业关系紧密，学生在企业实践的生产实习和毕业实习不少于半年，几十年的历史积淀，校企合作理念已根植于学院的血脉之中，生产实习、毕业实习成为学院专业教学不可缺少的环节。

2.2.1.2 探索了以技术赢支持、校企自然合作新模式

校企合作是当前职业教育改革的难点，学院各重点建设专业一直积极探索校企合作的有效途径，尝试了"订单培养""联合培养""引企入校"等多种校企合作模式，但长效机制却很难形成。学院焊接技术及自动化专业以自身的技术优势，通过为企业解决技术难题、提供工程指导、培训企业骨干、推广新技术等途径，以过硬的技术长期服务于企业，以高质量的人才培养赢得企业与社会的尊重，促使企业保持对学校专业建设的长期关注和支持，形成了校企自然合作的局面。

2.2.1.3 牵头建立广西工业职业教育集团

在广西工业和信息化委员会（原广西经济贸易委员会）领导下，学院牵头协同 10 个行业协会和科研院所、81 家企业、20 所行业职业院校于 2009 年 7 月组建了广西工业职业教育集团，为获得政府的政策和财政支持以及达成学院的校企合作协议等打下了扎实的基础。

2.2.1.4 初步形成了校企合作运行框架

为了保障学院的校企合作、生产实习、顶岗实习的正常运行，学院针对校企合作管理、校企合作运行等出台了各种相关管理办法，初步形成了校企合作的运行框架。

2.2.2 学院的中长期战略发展目标

广西机电职业技术学院的中长期战略（2012—2020）的发展目标是建设成为广西一流、西部领先的行业高职院校，如图 2-5、表 2-3 所示。

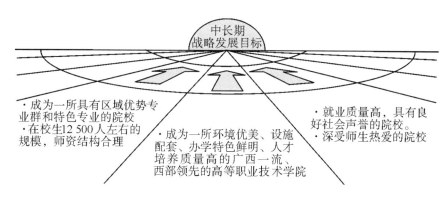

·成为一所具有区域优势专业群和特色专业的院校
·在校生12 500人左右的规模，师资结构合理

·成为一所环境优美、设施配套、办学特色鲜明、人才培养质量高的广西一流、西部领先的高等职业技术学院

·就业质量高，具有良好社会声誉的院校。
·深受师生热爱的院校。

图 2-5　广西机电职业技术学院的中战略发展目标

表 2-3　学院中长期战略（2012—2020）发展目标的主要指标

序号	主要指标	发展目标
1	办学规模	全日制学历教育在校生稳定在 12 500人左右；社会培训与非全日制学历教育规模力争与全日制学历教育规模相当
2	人才质量	毕业生获得双证比率超过 97%，当年初次就业率在 90%以上，用人单位对毕业生满意率在 92%以上；学生、家长对教师和学校的满意度大于 90%；国家和省级职业技能竞赛成绩名列广西前茅
3	师资结构	师生比不低于 1∶17。专业课教师中双师素质教师比例不低于 90%，建立不少于 400 人的企业和社会能工巧匠兼职的教师库
4	教科研工作	立项 5~10 项国家级教研课题、50~60 项自治区级教研课题；获得 6~10 项省级以上教学成果奖
5	专业建设	以机械制造、电子信息类专业为主体，汽车、建筑、管理、艺术设计为平台，建设 6 个特色鲜明的优势专业群，建设 12~18 个自治区级以上示范、特色专业
6	校企合作	每个重点专业群至少与六家企业进行产学研深度融合；建成运行稳定、管理良好的校外实习实训、就业基地 50 家
7	信息化建设	建设数字校园，实现校园无纸化、网络化、信息化管理；搭建网络教学平台，实现所有课程上网；建设教学资源库

2.2.2.1　教育部对职业院校校企合作的要求

自从 2006 年启动"国家示范性高等职业院校建设计划"以来，经过 100 所国家示范高职院校的建设，进行了"校企合作、工学结合"人才培养模式的改革，开展了基于工作过程的课程体系和课程改造，深化了"任务引领、项目驱动"的教学方法的改革，并且取得了显著成效。但是，在推进"校企

合作、工学结合"人才培养模式的改革过程中，我们发现存在一些问题，主要表现为"两个未形成""两个不适应""两个不足"和"三个不高"。

（1）两个未形成：校企合作紧密联系的管理体制尚未形成，校企合作紧密联系的运行机制尚未形成。

（2）两个不适应：专业设置不适应区域社会经济发展需要，人才培养不适应区域社会经济发展需求。

（3）两个不足：生均财政拨款不足，多渠道投入不足。

（4）三个不高：有企业工作经历的专业教师比例不高，双师素质专任教师比例不高，生产一线兼职教师承担的教学任务比例不高。

因此，校企合作体制机制的创新，就成为 2010 年启动"国家示范性高等职业院校建设计划"骨干高职院校 100 所立项建设单位的主线。立项建设院校必须创新地方政府与行业企业共建高职院校模式，建立高职院校董事会（理事会）等决策议事制度，健全校企合作、社会支持和监督的长效机制，实现职业院校与行业企业"合作办学、合作育人、合作就业、合作发展"。

2.2.2.2 职业院校校企合作改革方向①

建设院校要建立校企合作长效运行机制，制定相关规章制度，解决企业参与教学、兼职教师聘任、教学内容更新、先进技术共享、实习实训基地建设和学生就业等问题；改革学校内部人事管理分配制度，引导和激励教师主动为企业和社会服务；教学系列专业技术职务评聘要安排一定比例给予企业兼职教师，教学研究项目、教学成果评审要安排一定比例给予企业兼职教师或合作企业参与申报。

建设院校要与企业共同设计、共同实施、共同评价重点建设专业人才培养方案，制定具体制度实现校企协同管理，教学组织与实施要弹性、灵活，保障符合工学交替的要求，确保由企业兼职教师承担的专业课学时比例达到 50% 以上；要将职业资格标准融入教学内容，实施"双证书"制度；要充分运用现代信息技术，改革教学模式，创新教学形态，提高教学效率。

建设院校要制定具体可行的措施，保证教师参与行业、企业技术创新和开发，积极开展技术服务，提升校企合作能力；面向社会、中职学校开展高技能和新技术培训、成人学历教育，提高社会服务能力；开展地区之间、城乡之间、东西部之间的校际合作与对口支援工作，提高辐射带动能力。

---

① 此部分内容引自《教育部 财政部关于确定"国家示范性高等职业院校建设计划"骨干高职院校立项建设单位的通知》（教高函〔2010〕27 号）。

2.2.3 关于校企合作的广西企业调研分析

为了打破校企合作办学体制机制的瓶颈，帮助和指导学院实施办学体制机制创新及校企合作制度建设，建立市场导向的校企合作利益驱动机制，激励企业和教师积极参与校企合作工作，保障校企合作的持续运行，近年来学院派专项小组前往广西壮族自治区内的柳州、玉林、桂林、北海四个城市，对当地企业基于校企合作的现状和存在问题进行广泛的调查，调研情况如下：

2.2.3.1 企业样本的选择

本次调研在四个城市共了邀请90家企业代表进行座谈调研，发放问卷90份并全部回收。其中，国有企业23家，占26%；股份制企业39家，占43%；民营企业21家，占23%；外资企业1家，占1%；合资企业6家，占7%。企业规模为500人以上的有46家，占51%；企业规模为200至500人的有12家，占13%；企业规模为200人以下的有32家，占36%。技术人员占员工总数超过10%的有65家，占72%；少于10%的有25家，占28%。问卷调查样本分布比较科学，具有一定的代表性和参考价值，如图2-6所示。

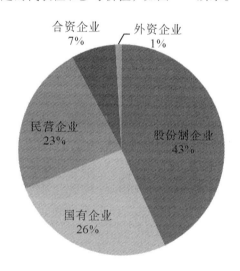

图2-6 调查企业样本类型比例

2.2.3.2 有关企业校企合作的调查分析

（1）企业基础员工流动性大，但招工也比较容易，上岗适应期长。

被调查的企业基础员工流动性比较高，占69%；基础员工上岗培训时间，需要几个月的占53%，需要十几到二十天的占37%；找到合适员工比较容易的占 67%。

（2）大部分企业愿意开展校企合作工作。

调查显示，认为校企合作对企业重要的企业占 82%，愿意开展校企合作工作的企业占 87%。

（3）企业与院校开展校企合作层次较低。

调查显示，能为学生提供实习机会、实习基地的企业占 77%，委托学校进行员工培训的占 42%，与学校联合实施订单培养的占 34%，参与人才培养方案的设计与实施的占 39%，而联合学校攻关解决技术难题、技术咨询的只占 31%，向学校提供教育培训经费的只占 3%。

（4）企业最愿意开展的校企合作项目排名。

企业更倾向于开展以下校企合作项目，如图 2-7 所示：

①为学生提供实习机会的有 75 家，占 83%；

②联合学校攻关解决技术难题的有 70 家，占 78%；

③委托学校进行员工培训的有 69 家，占 77%；

④为学校教师提供实践机会的有 59 家，占 66%；

⑤参与人才培养方案的设计与实施的有 57 家，占 63%。

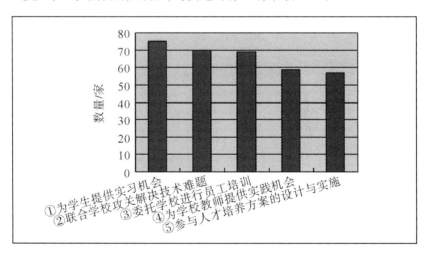

图 2-7　企业最愿意开展的校企合作项目

（5）企业参与校企合作的原因。

以下是企业参与校企合作的原因，如图 2-8 所示：

①认为可以物色满意的技术工人的有 81 家，占 90%；

②认为可以为职工提供培训机会的有 78 家，占 87%；

③ 认为可以加强与学校的联系的有 68 家，占 76%；

④认为可以向社会展示企业形象的有 61 家，占 68%；

⑤认为可以寻求技术支持的有 60 家，占 67%。

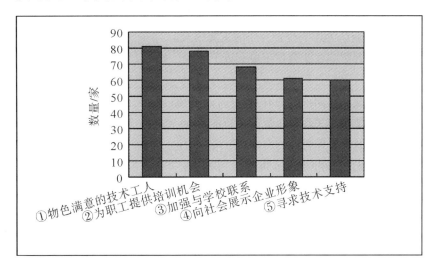

图 2-8　企业参与校企合作的原因

（6）企业在校企合作中最担心的问题。

在校企合作过程中，企业最担心如下问题，如图 2-9 所示：

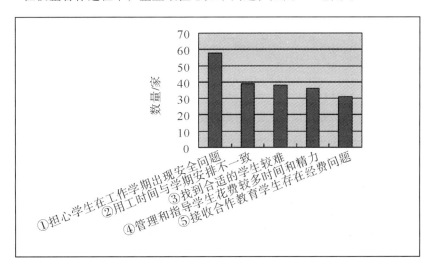

图 2-9　企业在校企合作中最担心的问题

①担心学生在工作学期出现安全问题的有 58 家，占 64%；

②用工时间与学期安排不一致的有 39 家，占 43%；

③较难找到合适的学生的有 38 家，占 42%；

④管理和指导学生花费较多时间和精力的有 36 家，占 40%；

⑤接收合作教育学生存在经费问题的有 31 家，占 34%；

（7）企业认为影响校企合作的主要因素。

企业认为影响校企合作主要有以下因素，如图 2-10 所示：

①认为缺乏校企双方交流平台的有 70 家，占 78%；

②认为缺乏共同项目的有 66 家，占 73%；

③认为缺少相关政策法规的扶持的有 66 家，占 73%；

④认为缺乏合作机制的有 58 家，占 64%。

⑤认为无政府指导的有 46 家，占 51%；

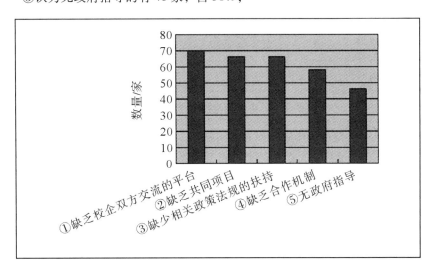

图 2-10　企业认为影响校企合作的主要因素

2.2.3.3　结论与建议

通过本次对广西主要城市企业的问卷调查分析，学校深刻了解了当前广西企业对校企合作的需求，以及在校企合作方面存在的问题：企业是很愿意与学校进行合作的，它们愿意与学校开展校企合作教育，为学校提供学生实践以及助力教师实践能力提升。但学校也要意识到企业需要较多的是简单工种的工人，尤其是季节工；学院技术革新与创新能力无法满足企业联合攻关解决技术难题的要求，缺乏校企合作项目、缺乏校企合作交流平台、缺少相关政策法规的扶持。顶岗实习企业最担心学生在工作学期出现安全问题。

根据企业的需求和校企合作中存在的问题，我们有必要在以下几个方面加以改进：

第一，成立校企合作组织机构，加强校企合作平台建设；

第二，建立校企合作利益共同体，深化校企项目合作；

第三，加强校企合作制度建设，提高校企合作的积极性。

2.2.4 校企合作的 SWOT 分析

我们用 SWOT 分析法对校企合作的优势、劣势进行分析，其中 S 代表优势（strength），W 代表弱势（weakness），O 代表机会（opportunity），T 代表威胁（threat）。我们根据学院自身的既定内在条件进行分析，找出学院的优势、劣势及核心竞争力，如图 2-11 所示。按照企业竞争战略的完整概念，战略应是一个企业能够做的（企业的强项和弱项）和可能做的（环境的机会和威胁）之间的有机组合，从而提出学院校企合作发展的对策，如表 2-4 所示。

优势 S	劣势 W
1. 机械行业办学的优势 2. 多年制造业工科办学历史优势 3. 具有校企合作经验、渠道和众多合作企业 4. 专业实训设备齐全 5. 行业性专业群优势 6. 地处省会城市，人力资源优势 7. 校内实训基地资源丰富	1. 校企合作目标模糊 2. 行业领军人物少 3. 办学经费相对匮乏 4. 校企合作成本高 5. 合作质量低
机会 O	威胁 T
1. 国家政策支持 2. 制造业大国的地位正在形成 3. 制造业升级转型 4. 合作中介逐渐形成 5. 合作对象数量不断增长	1. 校企合作运行机制不完善 2. 院校之间专业竞争激烈 3. 企业合作条件趋高 4. 企业合作意愿弱 5. 学校的社会声誉淡化 6. 生源质量下滑

图 2-11 校企合作的 SWOT 分析

表 2-4　学院校企合作战略分析

项目	优势（strength） 1. 机械行业办学的优势； 2. 多年制造业工科办学历史优势； 3. 拥有校企合作经验、渠道和众多合作企业； 4. 专业实训设备齐全； 5. 行业性专业群优势； 6. 地处自治区首府，人力资源优势； 7. 校内实训基地资源丰富	劣势（weakness） 1. 校企合作目标模糊； 2. 行业领军人物少； 3. 办学经费相对匮乏； 4. 校企合作成本高； 5. 合作质量低
机会（opportunity） 1. 国家政策支持； 2. 制造业大国的地位正在形成； 3. 制造业升级转型； 4. 校企合作中介逐渐形成； 5. 合作对象数量不断增长	SO 战略 1. 发挥工科和行业专业群优势，完善行业性领先专业群实训基地建设，提高技术技能型人才培养质量，夯实校企合作的基础； 2. 全面巩固、提升机械行业领域的合作； 3. 充分应用社会服务平台，大力拓展校企合作内容	WO 战略 1. 熟悉校企合作的有关政策和措施，推动校企合作的升级； 2. 引进行业领军专业人才，提升专业与企业质量； 3. 开拓办学经费渠道，筹措学院办学经费； 4. 抓住制造业升级转型的历史机遇，推动自身专业建设的发展
威胁（threats） 1. 校企合作运行机制不完善； 2. 院校之间专业竞争激烈； 3. 企业合作条件趋高； 4. 企业合作意愿弱； 5. 学校的社会声誉淡化； 6. 生源质量下滑	ST 战略 1. 促进学院校企合作机制创新，提高校企合作的有效性； 2. 实施专业差异化管理，通过行业优势专业的校企合作带动其他专业建设； 3. 维护学院声誉，提高生源质量	WT 战略 1. 建立校企合作机构，明确学院、系部、专业、教师校企合作职责； 2. 推进人事制度改革，提高教师校企合作积极性； 3. 加强师资队伍建设，促进教师进企业实践，密切教师与企业的关系

2.2.4.1　学院校企合作的优势

（1）机械行业办学的优势：办学主体、行业企业与学院存在亲缘关系。

（2）工科办学底蕴深：学院具有 60 多年制造业工科办学历史优势，学院总体上已渡过发展的扩张期和规模上升期，进入内涵建设的质量提升期。

（3）校企合作底子厚：有丰富的校企合作经验、广泛的合作渠道和数量众多的合作企业。

（4）专业实训设备齐全：装备制造业类专业实训设备和设施丰富齐全，设备总价值达 1.1 亿元。

（5）行业性专业群优势：机电大类专业群优势，覆盖装备制造业的工艺、生产、维护、管理等各个环节。

（6）地处自治区首府，具有人力资源优势：教师中双师型、双师素质教师统计比例较高，教师来源广泛，从各种渠道以各种形式引进的教师基本覆盖了现有各相关专业。

（7）校内实训基地资源丰富：拥有约27 000万平方米的实验实训场地。

2.2.4.2　学院校企合作的劣势

（1）校企合作目标模糊，校方校企合作实践的责任主体不明。分配与激励机制没有明确导向，教学主体在合作中的动力不足，参与度较低。

（2）行业领军人物少。专业教师中能成为行业协会委员以上职务的教师数量少，缺少在校企合作中发挥中坚力量作用的教师。

（3）办学经费相对匮乏，区域地区生均经费与发达省份相比较低。

（4）校企合作成本高，由于缺乏科研技术和品牌优势，与本科院校相比，高职院校科研能力和工程实践能力普遍较弱，为企业提供技术服务的能力有限。

（5）合作层次低，合作层次处在企业配合、企业联合等较低的合作层面，企业的利益得不到体现。

2.2.4.3　学院校企合作的机会

（1）国家政策支持：利用教育部、财政部等部门的政策和资金进行职业院校"校企合作、工学结合"人才培养模式改革试点。

（2）制造业大国的地位正在形成：过去一段时间，我国利用较低成本的劳动力在劳动密集型制造业已具备相当竞争优势，而技术型和资金密集型制造业正在逐步形成规模，高速发展的制造业需要大量的制造业技术技能型人才。

（3）制造业升级转型：目前，我国正由劳动密集型产业向高科技产业升级，中国制造业几十年发展所积累的制造企业的集群优势，包括制造工艺的不断改进，配套生产、加工能力以及广泛而多样的原材料和零部件供应，为高科技制造业的发展铺平了道路。制造业升级转型驱动企业需要技术技能型人才的换代。

（4）合作中介逐渐形成：行业主管部门和行业性协会已意识到产教合作对企业升级转型的作用，采用立项、资助、牵线等方式促进企业与学校的产教合作。

（5）合作对象不断增长：随着国家产业市场化不断推进，制造业催生了诸多细分专业领域中新兴企业，并快速成长，产教合作企业将越来越多。

2.2.4.4　学院校企合作的威胁

（1）校企合作运行机制不完善。职业院校主管机构对考核指标的设置不够科学导致职业院校普遍缺乏积极性，校企合作形式主义较为普遍。

（2）院校之间专业竞争激烈。不管条件是否成熟，众多院校广泛开设或计划开设制造类专业，同类专业竞争者日渐增多，同时学院还面临相关专业技术提升的难题。造成一个区域规模企业面对几十家职业院校的合作，合作成本不断提高。

（3）企业合作条件趋高。区域规模企业数量较少，合作需求职业院校较多，僧多粥少，势必造成合作壁垒趋高。高新企业发展速度快，技术更新快，对合作院校人才储备与技术积累的要求趋高。

（4）企业合作意愿弱。高职院校科研能力和工程实践能力普遍较弱，技术服务能力有限，企业除了获得劳动力外，其他能得到的收益过低，削弱了企业合作的动力。

（5）学校的社会声誉淡化。有社会影响力、知名度和号召力的毕业生出现断层，学校的社会影响力和声誉有淡化趋势。

（6）生源质量下滑。适龄人口总数下降，应届高考生数量逐渐减少，而且本科录取率不断提升，使职业院校生源质量逐渐降低。

在完成环境因素分析和 SWOT 矩阵的构造后，便可以制订出相应的行动计划。其基本思路是：发挥优势因素，克服弱点因素，利用机会因素，化解威胁因素；考虑过去，立足当前，着眼未来。

2.2.4.5　SWOT 分析

运用 SWOT 矩阵分析包括组合分析和综合分析方法。首先，组合分析是对优势-机会组合、优势-威胁组合、劣势-机会组合、劣势-威胁组合这 4 个组合进行分析，或者是利用内部资源优势去赢得外部发展机会；或者是利用内部资源优势去应对外部环境威胁，或者是创造条件抓住机会降低劣势。而劣势-威胁组合是最不利的，任何组织都要尽量避免。

（1）SO 战略（优势-机会对策）。

①发挥工科和行业专业群优势，完善行业性领先专业群实训基地建设，提高技术技能型人才培养质量，夯实校企合作基础；

②全面巩固、提升机械行业领域的合作；

③充分应用社会服务平台，大力拓展校企合作内容。

（2）ST 战略（优势-威胁对策）。

①促进学院校企合作机制创新，提高校企合作有效性；

②实施专业差异化管理，通过行业优势专业的校企合作带动其他专业建设；

③维护学院声誉，提高生源质量。

（3）WO 战略（威胁-机会对策）。

①熟悉校企合作的有关政策和措施，推动校企合作升级；

②引进行业领军专业人才，提升专业与企业合作质量；

③开拓办学经费渠道，筹措学院办学经费；

④抓住制造业升级转型这个历史机遇，推动自身专业建设发展。

（4）WT战略（劣势−威胁对策）。

①建立校企合作机构，明确学院、系部、专业、教师校企合作职责；

②推进人事制度改革，提高教师校企合作积极性；

③加强师资队伍建设，促进教师进企业实践，密切教师与企业的关系。

其次，综合分析是应对实际复杂情况的权衡方法。在实际工作中，机会、威胁、优势、劣势往往交织在一起，所以我们需要权衡利弊，结合具体情况，寻找次优解。

最后，用USED技巧来产出解决方案，USED即"用、停、成、御"。USED分别是如何善用每个优势？如何克服（停）每个劣势？如何成就每个机会？如何抵御每个威胁？将排列与考虑的各种环境因素相互匹配起来加以组合，得出一系列学院校企合作未来发展的可选择对策。

一是建立校企合作组织机构，搭建校企合作运行平台；

二是建立校企合作管理制度，规范校企合作工作；

三是改革学院人事管理制度，提高教师校企合作工作积极性；

四是提高行业优势专业校企合作的投入，带动学院校企合作的整体提升；

五是加强行业领军专业人才的培养，引领校企合作工作内涵的提升。

2.3 校企合作体制机制的机构和职能设计

在设计学院校企合作的组织结构时，应该综合考虑校企合作的战略、校企合作业务流程、校企合作组织机构与管理模式三个方面的要素，即校企合作理事会怎样才能创造出更长效的校企合作机制？校企合作理事会应该如何开展校企合作项目业务？校企合作理事会的组织机构如何设计，才能有利于校企合作工作的开展？采用什么样的管理模式才能促进校企合作的工作，提高校企合作的工作效率？校企合作体制机制的机构和职能设计，要考虑的要素如图2−12所示。

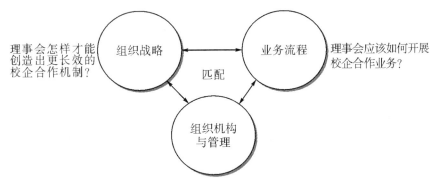

理事会怎样才能
创造出更长效的
校企合作机制?

组织战略

匹配

业务流程

理事会应该如何开展
校企合作业务?

组织机构
与管理

理事会应该具有怎样的组织机构和管理模式?

图 2-12　校企合作体制机制的机构和职能设计要考虑的要素

2.3.1　校企合作人才培养流程分析

广西机电职业技术学院主动对接广西重点发展的"14+10"千亿元产业群,调整专业结构,做强做大机、电类主体专业;围绕广西动力机械、工程机械、造船、微型汽车、糖业机械、铝业机械等产业升级和发展的要求,做精做优焊接技术及自动化、数控技术、汽车检测与维修等机械类专业;围绕北部湾和桂林的电子信息产业升级和发展的要求,做好做活应用电子、电气自动化技术等电子信息类专业;牢牢抓住广西作为中国—东盟博览会永久举办地、广西将成为中国—东盟物流中心,以及广西大力发展北部湾港口群物流的机会,积极建设物流管理专业等管理类专业,形成适应广西经济产业优化升级和实施转型跨越发展要求的特色化专业建设体系。以校企利益共同体为载体,通过校企对接、理实融合、工学交替实施人才培养,探索并实施"校企合作、工学交替"的人才培养模式。

充分发挥学院校企合作理事会在产业规划、经费筹措、先进技术应用、兼职教师聘任、实训实习基地建设和吸纳学生就业等方面的优势,促进校企深度合作、开展专业建设与改革,探索与企业生产规律和专业教学特点相适应的教学组织模式改革,实行弹性、灵活的教学组织方式,推行多学期、分阶段的工学交替教学组织方式。

以专业校企合作理事分会为依托,以行业企业为支撑,以综合素质培养为根本,紧扣企业技术标准和岗位任职要求,确定人才培养规格,整合、序化、设计课程内容。制定课程标准,改革教学内容和教学模式,创新教学方法,完善质量保障体系,建立岗位核心能力课程体系。

人才培养方案实施主要做法如下:

第一，按照以典型岗位工作任务为载体，工学交替、教学做一体化的人才培养方案，以企业的实际工作案例作为素材，大力开展项目化教学，按照模块化、通用化的模式组织课程内容及教材开发建设，充分利用学校的教学资源，聘请企业专家、工程技术人员作为兼职教师亲自参与教学实施过程，利用专业教师扎实的理论基础及企业兼职教师丰富的工程实践经验及高超技能，采用现场教、学、做一体化的项目化教学方法，进行专业基础知识及专业素质的培养。

第二，组织学生参加各类技能竞赛或在校内开展各类技能比赛，激发学生的学习热情，在竞争中提高自己的技能，从而增强自身的职业竞争能力。

第三，合理安排工学交替环节，当学生掌握初步专业基础知识后，适时安排其到校企共建的校内外实训基地进行职业认知实习、生产实习或顶岗实习，感受企业真实工作环境，将校内所学到的知识和技能应用于企业的生产实践活动，在实际生产中培养学生解决问题、自我学习的能力，进一步明确学习目标和奋斗的方向。

第四，运行教学质量保障体系。

按照"人才共育、过程共管、成果共享、责任共担"的校企合作原则，建立和完善由校企共同参与的"双教学监控、双评价考核"的教学质量保障体系，如图 2-13 所示。

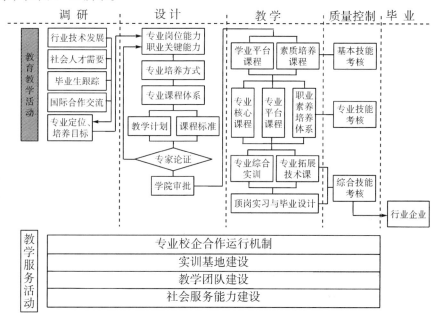

图 2-13 "双教学监控、双评价考核"的教学质量保障体系

2.3.2 原有校企合作工作体系存在的问题

2.3.2.1 缺乏校企合作组织机构

缺乏对校企合作工作的整体规划，没有针对系部和专业等建立相对独立的校企合作工作责任中心，无法针对人才培养模式、课程体系建立、课程改革、实训基地建设、技术服务等项目要求为校企合作项目提供相应的服务。

2.3.2.2 未能进行集中管理

学院没有对合作企业的选择、合作项目、合作维护、合作内容等关键内容进行集中管理，无法确保能够实现标准化、统一化的目标。

2.3.2.3 纵向管理力度较弱

学院职能部门缺乏对系部、专业校企合作管理能力的评估和考评体系；未对校企合作维护和新专业进行相对独立的资源投入和评估。

2.3.2.4 跨职能的项目管理未按照规范进行

新合作项目需要由跨职能部门的联合项目小组负责执行；而现有项目参与人员为临时指定，难以保证项目小组人员的相对稳定性。

2.3.2.5 校企合作管理部门未能整合企业和专业建设资源

校企合作部门不仅应是教学管理的下属机构，还应是企业与专业建设的桥梁。校企合作部门应充分将企业的有关资源与学校的专业建设嫁接起来，为专业建设服务、为新专业建设提供空间。

构建符合校企合作战略发展目标的组织结构是实现校企合作战略目标的前提，校企合作组织结构设计的要点如表2-5所示。

表2-5 校企合作组织结构设计的要点

机构指标	目标
管理模式	·以校企合作理事会为主的管理模式 ·有效的决策、业务计划、财务支持体系 ·合理的集分权
组织架构	·合理的部门设置 ·明确的部门任务、功能、职责界定 ·清晰的人员岗位编制以及职责、权力、能力要求的界定
业务流程	·高效率 ·强调速度 ·减少无增值环节

2.3.3 校企合作理事会组织结构设计应考虑的因素

校企合作理事会组织结构设计需要系统考虑学院发展和专业建设对校企合作的要求。

2.3.3.1 组织设置

学院未来的业务发展战略将以稳定招生规模、提高教育教学内涵为主，尤其是加强"校企合作、工学结合"人才培养模式改革，这要求学院应建立独立的校企合作组织运作体系，并建立独立的校企合作理事会来对合作项目进行控制。

2.3.3.2 运作模式

为了实现学院教育教学内涵建设和"校企合作、工学结合"人才培养模式改革的战略目标，学院应保持精干、高效的校企合作组织设置，校企合作管理体系的组织结构设置需要适应校企合作多项目同时运作的模式，以实现校企合作体制机制创新，保证校企合作工作的长效运行。

2.3.3.3 管理手段

对校企合作的管理模式需要从操作管理转变到战略管理，以提高校企合作运作效率，从而适应学院教育教学内涵建设和"校企合作、工学结合"人才培养模式改革，这样能够赋予校企合作组织更多的自主权，助推校企合作进入良性循环。

2.3.3.4 控制手段

实现战略目标，学院需要改变目前审批制的管理手段，对校企合作工作的管理更多强调目标和效果管理，学院高层精力从而能够有效转移，实现主动适应区域经济发展方式的转变和产业优化升级的战略设想，坚持以服务为宗旨、以就业为导向、走产学研结合的发展道路。

2.3.4 校企合作管理及其部门职责设计

校企合作管理及其部门职责设计如图2-14所示。

建立以学院为主体的校企合作理事会，作为校企合作工作最高权力和决策结构，负责对校企合作项目的运行进行重大决策。

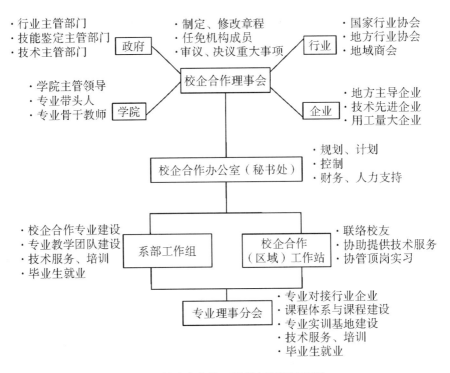

图2-14 校企合作管理及其部门职责设计

学院校企合作理事会的宗旨：以学院为主体、以行业企业为依托，创新职业教育办学体制机制，整合教育资源和行业企业资源，形成整体优势搭建校企之间沟通、交流、提升的平台，建立长效运行机制，有效解决企业参与教学、兼职教师聘任、教学内容更新、先进技术共享、实习实训基地建设和学生就业等问题。实现校企资源共享、优势互补和产学研结合，促进校企深度合作，合力打造技术技能型人才。形成合作办学、合作育人、合作就业、合作发展的良好局面，增强办学活力。

2.3.4.1 校企合作理事会主要工作任务

第一，人才培养合作。理事长单位可根据理事单位需求开展订单培养，按理事单位的要求培养急需的高端技能型专门人才；理事单位可在理事长单位设立奖学金、奖教金，为理事长单位提供实习实训基地或联合培养基地。

第二，技术合作。组织理事单位开展各种形式的技术交流、技术合作、新技术推广、对口考察等活动，为理事单位之间创造合作、发展的机会，使理事单位之间在项目、资金、人才、信息等方面，开展多种形式的实质性合作。

第三，职工队伍建设合作。理事单位为理事长单位提供教师锻炼场所和方便条件，为理事长单位选派兼职教师；理事长单位为理事单位培训在职人员。

第四，产学研一体化合作。共同开发校企合作经济实体；组织理事长单位向理事单位提供在职技术人员培训、进修以及开展技术服务等工作。

第五，组织理事单位为理事长单位的学生提供认知见习、生产性实训、顶岗实习以及就业服务，在成熟的条件下，经双方同意，理事单位可挂牌成为理事长单位的校外实习实训基地，牌名统一为"广西机电职业技术学院校外实习实训基地"。

理事会实行理事大会制度，理事大会的主要职责有：

①修改理事会的章程，制定理事会内部的管理制度；

②选举与任免理事会领导机构成员；

③审议理事会工作报告；

④审议通过由理事单位提出并经秘书处审核同意后向大会提出的议案；

⑤审议和决定理事会的其他重大事项。

第六，明确理事会的组成、资格和责任。

凡自愿遵守理事会章程，恪守理事会宗旨，具有独立法人资格，与广西机电职业技术学院设置的专业关联度较高的行业企业，可以成为理事会成员单位。

理事会由理事长单位和理事单位组成，在理事单位中选择若干个单位为副理事长单位；设理事长1人、副理事长9~13人、秘书长1人、副秘书长1人，其他理事单位各分别指定1人。广西机电职业技术学院为理事长单位。理事会根据需要聘请社会各界德高望重、具有影响力的人士为名誉理事长或高级顾问。

理事长全面主持理事会工作，其主要职责有：

①主持召开理事大会；

②组织实施理事会年度工作计划；

③向理事大会报告年度工作；

④主持理事会日常工作；

理事长单位的权利与义务如下文所述。

理事长单位的权利有：

①受理事会委托，有权召集各理事单位开展活动；

②向理事单位了解人才供求信息和培养要求；

③接收理事单位派遣的高级工程师、高级技师等能工巧匠到校任教；

④向理事单位派遣实习生；

⑤享用理事会单位内各种职业教育资源和各类信息。

理事长单位的义务有：

①向理事单位输送生产经营所需的合格毕业生；

②做好每年理事会安排的会议会务工作；

③及时向理事会通报办学情况；

④应理事单位要求，提供业务咨询、技术服务、员工培训服务及科研成果转让。

理事单位的权利与义务如下文所述。

理事单位的权利有：

①为理事长单位的专业建设提出建设性意见；

②与理事长单位签署人才需求订单培养计划；

③获得理事长单位提供的优秀毕业生；

④获取理事长单位转让的技术成果；

⑤获得理事长单位为本单位员工提供的继续教育与培训服务。

理事单位的义务有：

①提供旨在提高理事长单位的办学水平、人才培养能力的信息；

②在生产允许的情况下，尽可能为理事长单位的学生实习、教师实践提供方便；

③及时反馈用人单位对理事长单位毕业生的需求信息；

④向理事长单位派遣教学所需的专业人员和指导教师。

理事会成员共同权利如下所述：

①享有选举权、被选举权和表决权；

②对章程修改、发展规划、合作方针、目标实施等理事会的重大问题有提出意见建议和参与讨论的权利，对理事会工作有批评权和监督权；

③有参与理事会组织的各项活动的权利；

④入会自愿，退会自由。

理事会成员共同义务如下所述：

①遵守国家法律、法规和政策，遵守本章程，遵守有关规章制度；

②执行理事会大会和理事长会议的决议；

③加强交流、沟通、团结和协作，自觉维护理事会信誉；

④树立理事会良好形象，维护理事会的合法权益；

⑤完成理事会交办的任务，并承担实质性工作。

2.3.4.2 构建校、系、专业三级校企合作管理机制,推进校企共同育人机制建设

为了增强校企合作教育的有效性,学院在组织上建立校、系、专业三级校企合作管理机制。设置学院级校企合作办公室,负责执行学院校企合作理事会的决议和决策,以及学院有关校企合作工作在全校层面的实施;设置系部级校企合作工作组,负责学院校企合作工作在系部的实施;设置专业级专业(群)校企合作理事分会,负责校企合作教育教学具体工作在本专业(群)的实施。

(1)校企合作办公室。

学院设立校企合作办公室,其是学院校企合作的综合管理部门,同时也是学院校企合作理事会的秘书处。校企合作办公室除负责学院校企合作理事会的日常运行外,还负责执行学院校企合作理事会的决议和决策,以及学院有关校企合作工作在全校层面的实施。

校企合作办公室的主要职责有:

起草和修订理事会章程,明确校企双方的责权利。负责学院校企合作理事会的日常运行。负责执行学院校企合作理事会的决议和决策,以及学院有关校企合作工作在全校层面的实施。促进专业共建、合作育人、合作就业、合作发展。总体协调、指导校企之间专业共建、课程共建、教师培训及兼职教师聘任、实习实训基地共建、学生实习实训与就业、先进技术研发应用与推广、员工培训等工作。

(2)系部校企合作工作组。

系部校企合作工作组由相关行业企业人员、教学系部领导、相关专业负责人、部分骨干教师等组成。工作组设组长1名、副组长2~4名。组长原则上由教学系部领导兼任,负责系部校企合作日常工作。

工作组的主要职责有:

负责学院校企合作工作在系部的实施。协调、指导本系部校企之间专业共建、课程共建、教师培训及兼职教师聘任、实习实训基地共建、学生实习实训与就业、先进技术研发应用与推广、员工培训等工作。

(3)专业校企合作理事分会。

先在重点建设的六大专业建立专业(群)校企合作理事分会试点,积累了成功经验后,根据专业及专业群情况,推广专业校企合作理事分会,结合专业大类分布,组建其他专业(群)校企合作理事分会。

理事分会成员组成。理事分会由相关行业企业人员、教学院系领导、专业负责人、部分骨干教师等组成。理事分会设理事长1名、副理事长3~5名、

理事若干名。理事分会下设秘书处，负责理事分会日常工作，原则上由专业带头人（负责人）兼任秘书长。

理事分会的主要职责有：

制定和修订理事分会章程，明确校企双方的责权利，协调、指导校企之间专业建设中专业人才需求和岗位能力调研、行业企业技术标准的运用、共同制定人才培养方案以及课程共建、教师培训及兼职教师聘任、实习实训基地共建、学生实习实训与就业、先进技术研发应用与推广、员工培训等工作。

理事分会工作机制。专业（群）校企合作理事分会采取集中与分散相结合的工作方式。每学年召开一次年会，集中研究专业共建计划，落实任务，总结成绩，交流经验。各专业（群）在理事分会和秘书长的领导下自主性开展课程共建、师资共训、基地共建等工作。

2.3.4.3　改进的方向

学院对校企合作的规划、系部校企合作、专业建设、合作项目和财务管理等方面存在的问题进行整改，为校企合作工作规范和有序开展奠定组织管理基础，如表 2-6 所示。

表 2-6　校企合作工作改进方向

原有问题	改进方式	改进效果
·缺乏规范的校企合作战略和业务计划控制体系。 ·缺乏明确的校企合作项目和具有协同作用的合作管理。 ·缺乏明确的校企合作管理手段和制度。 ·校企合作维护系统建设缺乏整体性。 ·缺乏与校企合作相协调的财务预算和控制体系	1. 成立校企合作理事会，并规范战略规划和业务计划流程	初步建立校企合作规划和监控部门和机制。 针对不同系部、专业提供更有针对性服务。 提高校企合作水平的可控性和及时有效性。 具体部门负责校企合作，易于缩短推出时间。 减少跨部门界面，易于实施项目管理。 增加预算和成本观念以及对经营业绩的监控
	2. 成立校企合作管理机构	
	3. 成立校企合作秘书处，建立校企合作管理制度	
	4. 成立系部校企合作工作和专业理事分会	
	5. 成立区域校企合作工作站	
	6. 初步建立与合作项目计划相配合的财务预算和控制流程	

2.4　校企合作激励机制的设计

激励，就是指组织通过设计适当的外部奖酬形式和工作环境，以一定的行为规范和惩罚性措施，借助信息沟通来激发、引导、保持和归化组织成员的行为，以有效地实现组织及其成员个人目标的系统活动。而激励机制，是通过一套理性化的制度来反映激励主体与激励客体相互作用的方式。

校企合作激励机制的内涵包含以下几个方面的内容，如表2-7所示。

表2-7　校企合作激励机制内涵

内涵因素	具体内容
诱导因素集合	用于调动员工积极性的各种奖酬资源
行为导向制度	组织对其成员所期望的努力方向、行为方式和应遵循的价值观的规定
行为幅度制度	对由诱导因素所激发的行为在强度方面的控制规则
行为时空制度	奖酬制度在时间和空间方面的规定
行为归化制度	对成员进行组织同化和对违反行为规范或达不到要求的处罚和教育

校企合作激励机制的设计，是本着通过制度化的激励措施，达到激发专业教师参与校企合作工作的热情。因此学院按照一定的程序执行和完善校企合作激励机制。校企合作激励机制的运行流程如图2-15所示。

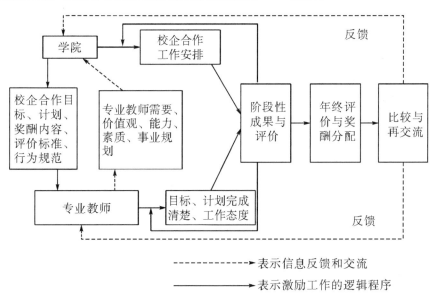

图 2-15　校企合作激励机制的运行流程

2.4.1 高职院校专业教师的校企合作诱导因素

我们依据专业教师个人需要进行调查、分析，同时根据专业教师职业生涯的发展通道，再根据学校所拥有的奖酬资源进行统筹设计，对专业教师校企合作诱导因素进行提取，如表2-8所示。

表 2-8 专业教师校企合作诱导因素

诱导因素	具体内容
职业生涯发展通道	专业教师的职业生涯发展通道主要表现为职称的晋升，发展过程依次为：新教师、助教、讲师、副教授、教授
成长推动通道	高职院校对专业教师成长推动通道表现为：专业培训、学历学位提升资助、科研能力提升等
薪资构成	专业教师的薪资构成：岗位薪资＝岗位基础薪资+绩效工资。其中，岗位基础薪资分为基础工资、职称级别工资和工龄工资；绩效工资是指与个人业绩、工作成效密切挂钩的工资计量形式

2.4.2 校企合作激励机制的主要措施

专业教师是高职院校校企合作的主导力量，是学校与企业之间校企合作项目的直接实施者，是提高技术技能型人才培养质量的关键。我们按照高职院校专业教师的校企合作诱导因素，对专业教师进行相应的激励。

2.4.2.1 把校企合作工作作为职称晋级的一个条件

教师职称的评定，有关组织部门有相应的职称评定条件，学校在推荐的时候，把校企合作工作作为专业教师职称评定的校内条件。专业教师如果没有校企合作的工作量，不予以推荐。

2.4.2.2 把校企合作工作纳入绩效工资范畴

由于绩效工资是指与个人业绩、工作成效密切挂钩的工资计量形式。学校把校企合作工作列入专业教师的工作职责，校企合作工作量的大小直接计入个人业绩。

2.4.2.2 校企合作工作突出者资助奖励

校企合作工作突出的专业教师，学校在专业培训、学历学位提升、科研项目等予以优先资助。

2.4.2.4 建立"双师型"教学团队

建立"双师型"教学团队包含两方面，一方面是专业教学团队要聘请与专任教师一比一的企业兼职教师。另一方面，提高专任教师的实践技能和工程实践能力。首先，青年教师脱产、半脱产到企业挂职顶岗，在合作企业担任实训指导教师或直接在合作企业顶岗挂职锻炼，时间为 1~2 年。按企业员工制度管理，学校承担工资，企业按考核结果按企业员工标准发放岗位津贴和奖金。其次，青年教师以半脱产形式，参与企业技术项目，包括技术的研发、技术推广、技术培训等。

第3章 校企合作项目的实施
——以广西机电职业技术学院
为例

学院本着"资源共享、优势互补、责任同担、利益共享"的原则，搭建校企合作平台，创新校企合作运行机制，与企业形成资源共享、人员互动、双向介入、互利共赢的校企合作运行机制。通过校企合作项目（引企入校、课程体系建设、课程开发、实训基地、教学团队建设、技术推广培训业务等）的实施，提高学生的实践操作能力；强化学生学习与企业岗位职业能力的对接，尽快助其实现由学生到职业人角色的转换，更快地融入社会。校企合作项目实施是指当校企合作项目的立项及论证完成之后，项目执行者运用所具备的人、财、物力将项目付诸实际的过程。项目实施是整个校企合作项目的关键所在。

3.1 校企合作项目的管理

3.1.1 建立校企合作项目管理体系

参考项目管理相关理论，结合我国高职院校校企合作管理的先进经验，建立学院校企合作项目管理体系框架，包括项目管理规划、流程管理、组织和资源保证、绩效评价等四方面内容，见图3-1。

3.1.1.1 校企合作项目管理规划

项目管理规划是校企合作项目管理体系建设的出发点和重要指导。在制定校企合作项目管理规划时，除了要明确较长时间内（通常是3~5年）的校企合作项目的发展规划之外，还需要建立校企合作项目的选择和评价。因此，校企合作项目管理规划对于高职院校能否选择适合自身能力和市场环境的校企合作项目有重要的影响。

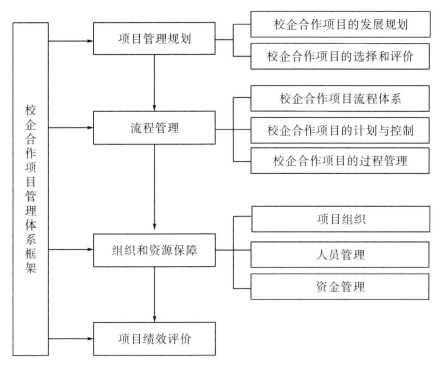

图 3-1　校企合作管理体系

3.1.1.2　流程管理

流程管理是校企合作项目运作和管理的手段。良好的校企合作流程体系能有效地提高校企合作运作效率，降低成本，有效控制风险。例如，通过流程设计、优化剔除冗余环节和不必要的步骤，或者将校企合作项目的串形流程改为并行流程等措施将有效提高项目效率、加快项目进度；而通过在流程中建立适当的关键控制点可以充分地降低项目决策、管理和执行等方面的风险。

校企合作项目管理流程体系的建设，应当涵盖整个校企合作项目周期的主要管理要素，以保证校企合作管理的全面性和系统性，如图 3-2 所示。

此外，为保证流程体系的有效运作，研发项目管理流程体系应当是规范化、结构化的，以达到可管理、可控制、可衡量、易沟通、易分工和易评价，如图 3-3 所示。

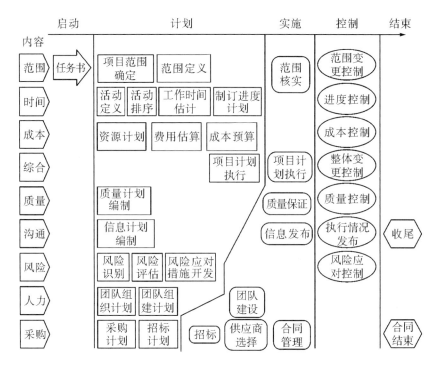

图 3-2　校企合作项目周期主要管理元素

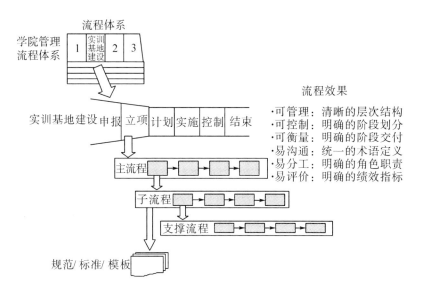

图 3-3　规范化流程体系

3.1.1.3 组织和资源保证

校企合作项目的组织和资源保证体系是校企合作运作和管理的重要支撑，直接影响到校企合作运作的效率、成本和质量。尤其是校企合作项目的组织模式，它是影响项目运作效率的重要因素，一直是高职院校校企合作关注的重点。校企合作的组织模式可以采用线性（职能）式、工作组式、矩阵式三种典型的模式。依据高职院校的管理模式和校企合作的目的与要求，我们选择矩阵式模式，如图 3-4 所示。

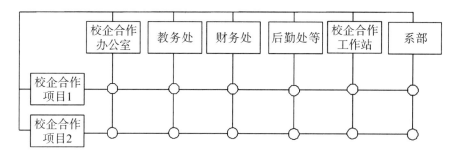

图 3-4 矩阵式校企合作模式

3.1.1.4 校企合作项目绩效评价

校企合作项目绩效评价是校企合作项目管理的主要工具，并且高绩效项目的经验推广和项目绩效统计数据的变化等能为校企合作项目管理体系的优化、调整提供重要依据。校企合作项目绩效评价指标体系（图 3-5）的设计以高职院校校企合作规划为出发点，充分考虑校企合作的特性、组织模式等，绩效评价指标包括经济、技术、人才培养、项目管理四大方面的指标。

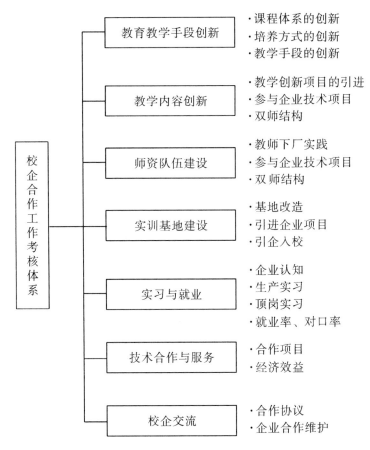

图 3-5　校企合作项目的绩效评价指标

3.1.2　校企合作管理制度与保障

学院制定了《广西机电职业技术学院校企合作管理制度汇编》（包括 28 个管理方面的内容），如表 3-1 所示。

表 3-1　校企合作、人事管理、二级管理制度

校企合作规章制度	人事管理与分配制度
1. 《校企合作理事会章程》 2. 《校企合作管理暂行办法》 3. 《校企合作奖励暂行办法》 4. 《校企合作工作考核暂行办法》 5. 《引企入校管理暂行办法》 6. 《校企合作培养技术技能型人才暂行办法》 7. 《校企合作开发教材管理暂行办法》 8. 《校企合作（区域）工作站管理暂行办法》 9. 《校内生产性实训基地管理暂行办法》 10. 《校外实习基地管理暂行办法》 11. 《订单班学生管理暂行办法》 12. 《毕业生跟踪调查管理暂行办法》 13. 《专业校企合作理事分会工作章程》	1. 《绩效工资实施方案》 2. 《绩效考核暂行办法》 3. 《学院企业兼职教师聘任与管理暂行规定》 4. 《十二五师资队伍建设规划》 5. 《专业带头人、骨干教师遴选及管理办法》 6. 《关于落实〈国家定向培养计划少数民族高层次骨干人才攻读博士学位研究生〉的通知》 7. 《教师到行业、企业实践锻炼管理暂行规定》 8. 《双师素质教师认定与管理暂行办法》 9. 《学院人才引进办法》
	（学院内部）二级管理制度
	1. 《教学系部内部管理、考核与绩效津贴分配指导意见》 2. 《教学工作考核办法》 3. 《科研工作考核办法》 4. 《教学建设与社会工作考核办法》 5. 《育人工作考核办法》 6. 《学生辅导员工作考核办法》

　　校企合作相关制度的实施，使学院校企合作工作制度化、规范化、人性化，体现学院"校企合作、工学结合"教学的宗旨，促进校企合作工作的长效性。学院还制定了一系列校企合作工作考评办法，包括对系部校企合作工作的考核、对专业校企合作工作的考核和教师教学质量考核。这些制度全方位、多角度、科学合理，能够有效地鼓励教师积极投入改革创新，切实提升企业参与校企合作的动力。

3.2　校企合作的指导方针与对接关系

3.2.1　校企合作指导方针

　　学院校企合作原则为合纵连横，即纵向——国家行业协会，提供行业标准、行业发展方向、行业政策指导；横向——广西区域及周边行业企业，提供

实习实训基地、企业兼职教师基地、师资培训基地、就业基地。

3.2.2 实施"五个百"工程

为了明确校企合作的方向,聚焦校企合作任务,学院制定合纵连横"五个百"工程:百个行业主导企业、百个稳定的实习实训基地、百个师资培训基地、百个杰出企业人才兼职、百个就业基地。

3.2.3 校企合作工作"8 对接"

学院依据校企合作工作的目标与要求,确立校企合作工作组织、个人(包括理事会、各部门、专业理事分会、团队、教师)与行业企业必须建立相关对接关系,我们称为"校企合作 8 大工作对接关系"。具体为:
①校企合作理事会——高层行业协会、主导企业、行业专家;
②校企合作工作站——各地市实习实训、技术服务、就业;
③系部校企合作工作组——系部实习实训、技术服务、就业;
④专业理事分会——行业协会、行业企业、行业精英;
⑤专业带头人——行业专家、企业精英、5 家行业企业;
⑥专业骨干教师——3 家行业企业;
⑦专业教师——2 家行业企业;
⑧跨专业技术团队——企业技术服务与合作、社会培训。

3.2.4 校企合作与专业教学

校企合作与专业教学的互动要求重点专业的带头人、教学团队在校企合作过程中必须紧密联系企业,形成"校企一体,四双驱动"互动体系,贯穿和落实到整个专业的建设和专业教学过程之中,即:
①双专业带头人——企业专业带头人、学校专业带头人;
②双教学团队——企业技术兼职教师、学校专业专任教师;
③双教学监控——学生企业认知、企业实习、顶岗实习校企共同监控;
④双评价考核——学生企业认知、企业实习、顶岗实习校企共同考核。

3.3 校企合作项目的开展程序

3.3.1 校企合作项目的立项

3.3.1.1 组建项目团队

为统一规范校企合作项目管理，保证项目顺利圆满完成并实施推广，每项校企合作项目需成立项目组。一个配置合理，紧密合作的项目组是项目的核心，也是项目成功的保障。项目组必须确定项目组的负责人和成员，以及其分工和职责、明确项目的目的与工作内容，如表3-2所示。组建项目组时应该注意：建立一个结构合理的项目组、寻找合适的人选，还要先了解他们的专长，了解他们管理方面的优劣，争取职能部门的支持。

项目组负责人有如下职责：

①负责整个校企合作项目的策划、组织、协调、目标考核工作，及时了解项目的进展，解决项目中存在的问题。

②邀请相关专家组对项目工作进行指导，确保项目沿着正确的方向、按正常的进度进行。

③及时提交项目工作材料和项目工作计划，以确保项目材料的完整、有序。

④落实项目计划，组织开展项目组的专题研讨、教学观摩、经验交流等学习活动。

项目组成员有如下职责：

①遵守项目的管理制度，按时按质完成承担的项目任务。

②认真学习领会项目实施方案，明确项目工作的目标、任务、方案和内容，领会其实质。

③主动学习，了解与本项目相关的理论和已有成果，提高项目工作的科学性。积极参加学校和项目组组织的集体研究学习活动，接受项目组指导、检查和考核。

表 3-2 校企合作项目组成员表

校企合作项目组成员表

一、项目基本情况

项目名称						项目编号	
资金来源						资金额度	
项目负责人						制作日期	

二、项目组成员

成员姓名	项目角色	所在部门	职责	项目起止日期	投入工作量	联系电话	所在部门负责人

签字		日期	
项目合作方			
项目负责人			

3.3.1.2 项目材料准备

在校企合作项目实施之前，学院必须花一定时间和精力对项目组和有关人员，包括项目参与各方进行宣传、说服和动员，营造有利于实施项目的气氛和环境，即进行项目实施准备。只有各方面的力量被充分动起来之后，项目才能顺利实施。项目班子应当对项目计划进行核实，看其是否完整、合理、现实与可行，项目所需的资源是否有保证，项目组应当拥有的权力是否已经得到各方承认等。核实项目计划的过程实际上也是对项目组进行动员的过程。

3.3.1.3 确定立项内容

项目组人员与职责确定之后，联系合作企业进行谈判，商议合作项目的标的、数量与质量、双方权利义务、收费数额与方式、商品或服务交付的数额和方式，以及违约职责等，并向学院递交项目立项书，如表3-3所示。学院按程序审批后，校企双方签订合作项目合同。

①若项目由系部主导谈判，需由系部指定项目负责人填报校企合作项目立项书；若项目由校企合作办公室主导谈判，则由校企合作办公室通知相关系部，由相关系部负责人指定项目负责人填报项目立项书。

②由系部负责人指定项目负责人及其团队成员。一般项目组成员经系部负责人同意后即可加入。项目涉及多部门人员者，由校企合作办公室负责协调，与相关系部负责人协商，安排有关项目负责人及其团队成员。

③鼓励全校有关人员积极参与校企合作项目。非专任教师行政人员担任项目组负责人或项目组成员需经分管院领导的批准。

表3-3 校企合作项目立项书

校企合作项目立项书			
一、项目基本情况			
项目名称		项目编号	
资金来源		资金额度	
项目负责人		制作日期	
二、合作企业情况			
企业名称		产业属性	
年营收/职工数		生产经营范围	
联系地址		联系人	
三、合作项目摘要（另附：项目实施方案）			

表 3-3（续）

四、合作条件简要（合作企业承担一部分，学校承担一部分）

五、学校配套设施（用房、用电、用水等情况）

六、项目时间进度和成果（包含关键时点、完成事项、预期效益）

七、项目组成员

八、审批意见

审批部门	意见	签名	时间
系部及有关部门			
校企合作办公室			
校领导			

3.3.2 校企合作项目计划执行

3.3.2.1 项目实施

校企合作项目实施时期是指从学院批准，确定建设项目开始，到项目结束这段时期。对于大型校企合作项目（如金额 100 万元以上），需要编写校企合作项目实施计划。实施计划就是对这一时期校企合作项目各个环节的工作进行统一规划，综合平衡，科学安排和确定合理的建设顺序和时间、建设工期。校企合作项目计划评估也要同时实施。所谓实施计划评估，就是指围绕校企合作项目实施计划是否合理和周密，在实施时间的安排上是否紧凑而开展的综合评价。对于一般性的校企合作项目，只需填写校企合作项目任务书即可。校企合作项目任务如表 3-4 所示。

校企合作项目获批准后，为使校企合作项目更易于执行和管理，就要把校企合作项目分解成更小的、更易于管理的组成部分——作业（又称活动），这个过程就是项目工作分解。项目工作分解就是把一个项目，按一定的原则分解，项目分解成任务，任务再分解成一项项工作，再把一项项工作分配到每个人的日常活动中，直到分解不下去为止，即项目→任务→工作→日常活动。比如，校企共建实训基地（项目）→建设方案论证（任务）→邀请专家（工作）→发邀请函、确认专家是否出席等（日常活动）。校企合作项目工作分解如表 3-5所示。

表 3-4　校企合作项目任务书

校企合作项目任务书			
一、项目基本情况			
项目名称		项目编号	
资金来源		资金额度	
项目负责人		制作日期	
二、项目描述			
1. 项目背景与目的（基于某个原因，达到某个目标）			

表3-4(续)

校企合作项目任务书
2. 项目目标（包含质量目标、工期目标、费用目标和交付产品特征与特征的主要描述）
三、项目计划（关键时间点和达到的成果）
比如：　7月8日　　7月11日　　7月14日　7月17日　7月22日　7月25日 　　　成立项目组　递交邀请函　行程确认　　启程　　考察结束　　回访
四、项目评价标准（说明项目成果在何种情况下将被接受）
五、项目特别要求
六、项目主要利益相关者（资金来源部门、合作企业、供应商、项目部门主管、项目负责人）

姓名	类别	部门	职务

表 3-5 校企合作项目工作分解表

校企合作项目工作分解表

一、项目基本情况

项目名称		项目编号	
资金来源		资金额度	
项目负责人		制作日期	

二、项目工作分解（●R-负责；◎As-协助；◆Ap-审批）（以下为项目论证会的示例）

代码	任务名称	包含活动	工时估算	人员安排	其他资源	费用估算	工期	张三	李四	王五	赵六	刘七	钱八	陈九
1.1	邀请专家	提交邀请函给专家	0.5	2			1	●	◆	●		◎		
1.2	邀请专家	安排行程并确认	2	3			2	●	◆		◎			

校企合作项目计划执行是指通过完成校企合作项目范围内的工作来完成项目计划，执行的主要依据就是项目计划。

为保证校企合作项目各项工作按项目计划执行，学院需建立校企合作工作核准制度。即凡是有关校企合作的工作均需通过工作核准程序。该程序就是一套事先确定的，着手项目活动之前制定的、应遵循的程序，其中包括必要的审批制度、人员和权限及表格或其他书面文件。校企合作工作在启动之前经过审批可以保证时间和顺序不出问题。一般是经过书面审批之后项目组成员才能开始具体的项目活动。小项目或简单工作程序则可简化流程，按常规或口头审批即可。

在校企合作项目执行的整个过程中，所有项目有关人员之间都要保持顺畅沟通。在这方面，项目组的任务主要有信息分发与编写进展报告。

信息分发就是把信息及时地分发给校企合作项目相关人员。分发信息时要保证信息完整、清楚、不含糊，使信息能够正确无误地到达接收者头脑中。要严格防止和严肃处理信息垄断、封锁，甚至伪造。在校企合作项目进行期间，交流的信息应尽可能以适当的方式收集起来，并妥善分类保管。

进展报告（也称执行报告）是为校企合作项目所有相关者编写的，是校企合作项目各相关者之间沟通的重要资料。其内容是同校企合作项目计划执行情况有关的资料。进展报告要依照项目计划和实际工作结果编写。有关工作结果的信息要准确、一致，只有这样才能使进展报告真正发挥作用。进展报告要综合编写，在同一报告内写进费用、进度及其他方面的资料，对项目状况给予完整的说明。报告的详略应符合报告接收者的要求。

3.3.1.2 校企合作项目开展规范

①合作项目所需场地由项目负责人向学院提出申请，由校企合作办公室统筹安排。

②合作项目中的校内场地所需的水电、装修等安装由项目负责人向校企合作办公室提出申请，由校企合作办公室联系后勤办、保卫处审核与统筹安排。

③合作项目中的校内场地所需的电话、上网等安装由项目负责人向校企合作办公室提出申请，由校企合作办公室联系院办和网络中心统筹安排。

④引进企业落户学校前，保卫部门需核实常驻进校人员名单，由保卫处制作并发放有关证件作为出入校门之用，并向有关常用交通工具亦发放相关的出入证，并指定交通工具的停放地点。

⑤引进企业若有员工需要食宿在校内的，由校企合作办公室协调后勤办统一办理。

⑥引进企业需要在学校所提供的场地进行装修或改变原有结构的，需通过校企合作办公室协调相关部门同意方可施工。

⑦院长办公室需制定合作企业进驻学校须知（指南），告知进驻企业需遵守之校规与相关指南，并要求企业负责人在进驻人员中宣讲。

3.3.1.3　校企合作项目财务规范

①引进企业利用学校场地进行生产，学校没有参与任何环节的，所得利润学校不参与分配；若学校有教师参与，或使用了学校的设备以及相关资源的，学校应收取所得部分利润，具体收取额由项目组、校企合作办公室、财务处等共同与企业协商并写入协议中。

②引进企业利用学校场地进行培训，若学校教师没有参与、没有使用学校设备、全部由合作企业运作所得的培训收益，学校可参与少量分配，收取培训费5%以上的费用。

③引进企业利用学校场地进行培训，若学校教师有参与、有使用学校设备或部分由合作企业运作所得培训收益，学校可参与适量分配，收取培训费的10%以上的费用。

④校方通过合作培训项目所得收益，其中30%上交学校，70%由各项目组所在系部自行分配。

⑤通过校企合作所得的科研费用，由科研处统一进行处理。

⑥企业方提供给学校的奖教奖学金，全部用于奖励教师与学生，学校不收取任何费用。

⑦通过校企合作办公室下达至相关院系的技术服务项目，若企业对项目完成有经济奖励的报酬，学校收取总额的20%，其余全部归项目组，由项目组长自行分配。所有费用需先入学校财务账户后再用于奖励或分配。学校收取的20%还可用于奖励考核项目获得优秀与良好的教师。

⑧企业向学校提供的资金，若有较大的数额（100万元以上），应成立包括分管院领导、财务处长、系主任、审计处长、项目负责人等人组成的专项资金委员会，共同运作相关的资金，确保资金用于协议所规定的范围内。

⑨企业向学校捐赠的设备、图书与软件，项目组与校企合作办公室应于设备或软件引进后一个月内将相关信息上报至国有资产管理部门，并办妥相关手续。所赠软件需取得授权证书。

⑩所引进的合作企业交费：水电费、电话费、网络通信费、管理费。

3.3.3　校企合作项目控制

校企合作项目控制是指在校企合作项目在按计划执行过程中，由于前期工作的不确定性和实施过程中多种因素的干扰，校企合作项目的实施进展可能会偏离预期轨道。为此，项目管理者根据项目跟踪提供的信息，对比原计划

（或既定目标），找出偏差，分析成因，研究纠偏对策，实施纠偏措施的全过程。所以项目控制过程是一种特定的、有选择的动态作用过程。

这种在校企合作项目监控过程中，项目监察人员对出现问题、出现未确定性、存在风险或者不正常的项目管理活动和项目组织进行强制性约束和处置的行为就是校企合作项目控制。

3.3.3.1 校企合作项目控制准则

为了对校企合作项目进行有效控制，必须遵循以下准则：一是项目的执行自始至终必须以项目计划为依据；二是定期和及时测量实际进展情况；三是随时监测和调整项目计划；四是充分、及时的信息沟通；五是详细准确地记录项目的进展和变化。

3.3.3.2 校企合作项目控制程序

校企合作项目控制的基础是校企合作项目计划，而项目计划的基础则是校企合作项目目标。因此，校企合作项目管理的第一步是要明确项目目标。项目目标应该包括项目的范围、质量、进度、成本、相关方要求。范围目标是指功能范围；质量目标包括性能要求、技术指标、质量要求，等等；进度目标包括交付时间，与相关方达成共识的其他时间要求，如验收时间、培训时间等；成本目标对学校内部来说就是项目的预算，对于供应商来说就是能够给出合理的价格，等等。

第二步是根据校企合作目标分析自身的资源状况，资源包括人力资源（管理水平、技术水平、数量、行业知识与经验积累、技术知识与经验积累）、设备、资金、信息、与相关人员的关系或渠道。

第三步是根据校企合作项目目标和资源约束来制订校企合作项目计划，校企合作项目计划应包括项目目标、项目任务的分解、项目组的组织机构和各角色责任、项目任务的责任分配、项目进度计划、成本计划、质量计划、沟通计划、风险防范计划、项目控制计划等。

第四步就是实施校企合作项目计划，在项目计划实施过程中要持续跟踪监控项目进展情况，并与项目计划比较，发现偏差，分析原因，及时采取纠正、预防措施，随时解决项目中需要解决的问题，包括校企合作项目团队的沟通和冲突等问题。

校企合作项目内外各种因素具有不确定性，同时校企合作项目相关环境中存在一定的干扰，因此校企合作项目的实施难以完全按照项目计划进行，在一定程度上出现偏差是不可避免的。良好的校企合作项目控制程序可以保证校企合作项目按照计划稳定地完成项目目标，就是说可以及时地发现偏差、有效地降低偏差、迅速地纠正或预防偏差，使校企合作项目始终按照合理的计划推进。

大型校企合作项目风险管理见表3-6，变更管理见表3-7。

表3-6 大型校企合作项目风险管理表

大型校企合作项目风险管理表

一、项目基本情况

项目名称		项目编号	
资金来源		资金额度	
项目负责人		制作日期	

二、项目风险管理

风险发生概率的判断准则

高风险：有≥60%发生风险的可能性

中风险：有30%～60%发生风险的可能性

低风险：有≤30%发生防线的可能性

序号	风险描述	发生概率	影响程度	风险等级	风险响应计划	责任人
1						
2						
3						
4						
5						
6						
7						
8						

表 3-7 项目变更管理表

项目变更管理表						
一、项目基本情况						
项目名称					项目编号	
资金来源					资金额度	
项目负责人					制作日期	
二、历史变更记录（按时间顺序记录项目以往的每一次变更情况）						
序号	变更时间	涉及项目任务	变更要点	变更理由	申请人	审批人
三、请求变更信息（建议的变更描述以及参考资料）						
1. 申请变更的内容						
2. 申请变更原因						
四、影响分析						
受影响的基准计划	1. 进度计划		2. 费用计划		3. 资源计划	
是否需要成本/进度影响分析？	□ 是			□ 否		
对成本的影响						
对进度的影响						
对资源的影响						
变更程度分类	□ 高		□ 中		□ 低	
若不进行变更有何影响						
申请人签字		申请日期				
五、审批结果						
审批意见				审批人签字		日期

3.3.4 校企合作项目的收尾

3.3.4.1 校企合作项目总结

校企合作项目总结就是校企合作项目或项目阶段在达到目标或因故终止后，都需要进行总结。对合作项目的成功、效果及取得的教训进行分析，连同这些信息的存档以备将来利用。有效的总结能够使校企合作过程形成闭环反馈系统，最终减少和避免问题的发生。

校企合作项目总结的意义在于判别校企合作结果和预想的是否一致，以便调整今后做校企合作工作的方法，为以后的校企合作工作打基础。能力的提高往往不但是从成功的经验中来的，更多的是从失败的教训中总结而来的。由于每一个项目的独特性，现实中几乎没有能够完全照搬的先例，将来也不会再有完全相同的项目。校企合作管理水平的提高，离不开校企合作项目总结这项基础工作。校企合作项目总结如表 3-8 所示。

表 3-8　项目总结表

项目总结表			
一、项目基本情况			
项目名称		项目编号	
资金来源		资金额度	
项目负责人		制作日期	
二、项目完成情况总结			
1. 时间总结			
开始时间	计划完成日期	实际完成日期	
时间（差异）分析			
2. 成本总结			
计划费用		实际费用	
成本（差异）分析			
3. 交付结果总结			
计划交付结果			

表3-8（续）

实际交付结果		
未交付结果		
交付结果（差异）分析		
三、项目经验、教训总结		
签字		日期
项目验收		
项目负责人		

3.3.4.2 校企合作项目结束工作

项目结束有两种：一种是根据签订协议时所定下的合作时间自然期满而结束，另一种是由于合作双方由于特殊原因中断而结束。

不论项目是自然结束或中断结束，都应遵守如下规则处理：

（1）由项目负责人通知有关部门，缴清相关费用，若由于特殊原因合作方无法缴清费用，需由项目负责人提出报告，经校企合作办公室和审计处核准，财务处同意后并经分管校领导批准可免除相关费用；校企合作办公室根据终止日期通知财务处终止项目的补贴。

（2）若结束项目是进驻学校的"引企入校"项目，保卫处需收回全部发给合作方人员的出入证及交通工具出入证。

（3）项目结束时，合作方不能擅自拆除所装修的设备。凡是需要拆除、带走的有关设备与装修材料，需由项目负责人向校企合作办公室报告并经同意后才可拆除。拆除时，项目负责人应在现场监督，发现异常应及时向校企合作办公室报告并及时妥善处理。若未能尽职造成学校损失，项目负责人需负全部责任。

（4）项目终止后一个月内，项目负责人完成校企合作项目的总结，其内容应包括：直接、间接引进资金或设备、通过项目培养的学生情况，对专业建设、实验实训条件建设、师资队伍建设、技术服务、社会培训、国际合作、学生技能大赛、人才素质培养、校园环境建设等方面做出总结，分别交所在院系、学校档案室、校企合作办公室存档。

第4章　产教融合协同育人的实施

专业建设是高职院校实施校企合作的载体，是实施专业人才培养、课程体系和课程建设、实验实训基地建设、专业教学团队建设、社会服务等的主要承担者。因此，在深化校企合作的过程中，专业建设需要考虑选择什么样的企业进行合作以及合作的思路和路径。

4.1　选择校企合作企业

出于校企合作是职业教育的需求，职业院校发起的校企合作基础有众多企业的广泛参与。毕竟校企合作不是一种纯粹的商业行为，而是一种集利益、义务、公益的混合性行为，职业院校的需求很大程度上具有单向性，合作的主动权主要取决于企业。在校企合作的关系中，企业的积极性是关键，对于如何选择合作企业、提高合作绩效，是职业院校必须认真审视的问题，见图4-1。

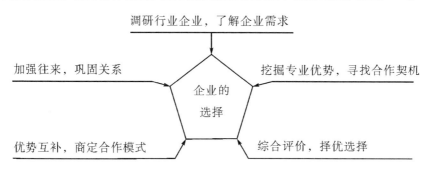

图4-1　校企合作中企业的选择

4.1.1　调研行业企业，了解企业需求

专业建设必须适应区域经济的发展，适应区域产业转型和升级的需求，适

应支柱新兴产业的需要。专业教师必须了解专业所处行业的规模发展、技术发展、用人趋势的情况，积极与行业企业沟通，了解企业对专业的需求。

4.1.2 挖掘专业优势，寻找合作契机

参照调研企业的需求，从专业在区域产业、行业中的地位、专业带头人的背景、专业教师团队的技术水平、毕业生在行业的表现、行业企业对专业的评价等方面挖掘专业自身优势，结合企业需求，寻找合作的结合点。

4.1.3 综合评价，择优选择

通过与企业的积极沟通，学院在众多有合作意向的企业中，按照企业的需求与专业对校企合作的需求进行综合评价，选择合作意向相对强烈的行业龙头企业、地方支柱企业、技术含量高企业、用人较多的企业等。

4.1.4 优势互补，商定合作模式

依据双方优势互补原则，商议多样化的合作模式，如订单培养、技术合作、职业培训、教师实践、构建共同体、资源共享等。

4.1.5 加强往来，巩固关系

对合作企业，采用分层次、定职责的方式，定期或不定期地举行交流，密切彼此往来，多站在企业的立场思考问题，多方争取企业对学校的理解，争取企业对学校的支持，携手同心，巩固双方关系，深化学院、系部、专业与企业之间的合作。

4.2 建立专业（群）校企合作理事分会

4.2.1 某专业（群）校企合作理事分会组织框架

在学院校企合作理事会的指导下，聘请国家行业协会、区域行业协会、行业管理厅局相关职能部门负责人、主导产业中行业企业及合作企业负责人或技术骨干以及系领导和专业骨干教师，构建政府、行业企业和学院专业骨干组成专业校企合作理事分会。在系部设立专业校企合作理事分会秘书处，由专业带头人担任秘书长，负责专业理事分会的日常工作。

为充分利用企业的资源优势，根据企业特色，以企业相关负责人为组长，

理事分会下设专业发展规划组、校企合作联络组、兼职教师管理组、基地建设管理组、实习就业联络组等。某专业（群）校企合作理事分会组织架构如图4-2所示。

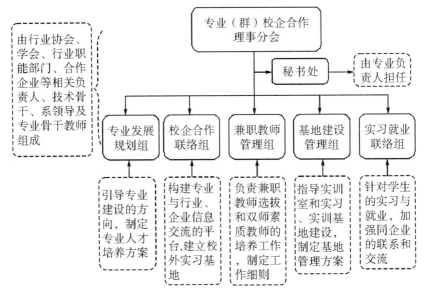

图4-2 某专业（群）校企合作理事分会组织架构

4.2.2 构建专业（群）理事分会运行机制

为保证专业理事分会的工作顺利展开，需要提前制定好以下制度（办法）：一是制定专业理事分会管理办法，通过管理办法明确专业理事分会的工作性质、工作职责，明确各工作小组的职责、任务；二是制定专业理事分会选任制度，明确理事分会成员的选任办法、权利及义务；三是明确专业理事分会议事制度，规范理事分会的运行管理办法等。

专业（群）理事分会主要职责有：

①制定和创新理事分会运行机制，保障校企合作办学机制的良性运行和可持续发展；

②构建专业与行业、企业信息交流的平台，进行人才需求调研与分析，指导并组织开展专业建设，如校内实训基地的规划建设，联系建立校外实习基地，师资队伍建设等；

③制定专业人才培养方案，完成专业课程标准的制定和课程体系的开发；

④研究行业新技术、新工艺，开展企业人力资源预测，制订职工培训

计划；

⑤建立健全校企双方共同参与的教学管理、质量保障和监控制度。

依托专业（群）校企合作理事分会，通过引企入校的方式构建教学工厂、生产、研发、检测和技术及职业鉴定培训的校企利益共同体，以满足校企双方需求为原则，将校企利益共同体按照"资源共享、优势互补、共同发展"的合作模式进行建设，从而促进校企双方的深度融合，最终实现校企双赢。

4.3　制订校企合作、工学结合的专业人才培养方案

高等职业教育专业人才培养方案是指在现代职业教育理论、教育思想指导下，按照高等职业教育的培养目标和人才规格，以相对稳定的教学内容和课程体系，管理制度和评估方式，实施人才教育的过程的总和。它是学校保证教学质量的基本教学文件，是组织教学过程、安排教学任务、确定教学编制的基本依据。

4.3.1　专业人才培养模式构建的指导思想和基本原则

4.3.1.1　指导思想

遵循职业教育规律，坚持以服务为宗旨、以就业为导向、以素质教育为基础、以职业能力培养为目标的指导思想。深化校企合作、工学结合课程体系设置和人才培养模式的创新，体现校企双方合作办学、合作育人、合作就业、合作发展以及人才共育、过程共管、成果共享、责任共担的职业教育方向。全面深刻理解高等职业教育培养技术技能型人才的目标，把工学结合作为人才培养模式改革的切入点，突出职业能力培养，体现高职院校的办学定位。

4.3.1.2　基本原则

主动适应区域经济发展方式和产业结构调整需要，密切专业人才培养与现代产业的对接。体现办学融入社会，专业融入产业，教学融入企业；教学体现稳基础、强技能、重素养。

（1）以就业为导向，主动适应经济社会发展需要。

深入专业相关的产业、行业、企业进行需求调查，把握专业技术领域的变化状况和发展趋势，选择专业服务面向的职业岗位（群），按照培养技术技能型人才的要求，确定专业人才的培养目标，并据此作为设计人才培养方案的起点，有效地保证专业人才培养符合社会和用人单位的需求。

（2）以职业生涯为目标、职业能力为基础。

重视与学生终身职业生涯发展密切相关的心理品质培养，关注学生毅力、自信心、认真负责的工作态度、团队合作精神、人际关系能力的培养；关注学生不断学习、不断发展的愿望培养。要按照工作的相关性，而不是知识的相关性来确定课程设置。注重职业情境中实践智慧的培养，开发学生在复杂的工作关系中做出准确判断并采取恰当行动的能力。

（3）以校企合作、工学交替为切入点，带动专业建设。

实行"双证书"教育，全面推广"校企合作、工学交替"人才培养模式。专业依据自身特点和实际，践行与企业生产规律和专业教学特点相适应的教学组织模式改革，建立弹性、灵活的教学组织，推行多学期、分阶段的工学交替教学组织方式。

以专业校企合作理事分会为依托，以行业企业作支撑，以综合素质培养为根本，紧扣企业技术标准和岗位任职要求，确定人才培养规格，整合、序化、设计课程内容。制定课程标准，改革教学内容和教学模式，创新教学方法，完善质量保障体系，建立岗位核心能力课程体系。

（4）体现行业特色，加强职业能力和学习内容的有机结合。

按照工作岗位活动与知识的关系来设计课程，突出工作岗位在课程框架中的主线地位，按照岗位职业能力的需要来选择知识，以项目导向、任务驱动为中心整合理论与实践，培养学生关注项目、工作任务完成，而不是关注知识记忆的习惯，并为学生提供体验完整项目、工作任务过程的学习机会。让学生尽早进入工作实践过程，帮助他们尽早完成从学习者到工作者的角色转换。

4.3.1.3　制订专业人才培养方案的工作流程

制订专业人才培养方案的工作流程包括五个阶段：行业企业调研、专业研讨、方案起草、方案评估、形成终稿。其中，行业企业调研包含专业所属行业的调研和形成调研报告，专业研讨包含岗位群分析、工作任务分析、职业能力分析、核心课程分析和课程结构分析和课程标准分析，方案评估包含方案的论证和按照论证意见修改方案。制订专业人才培养方案的工作流程如图4-3所示。制订专业人才培养方案的工作阶段和工作步骤如表4-1所示。

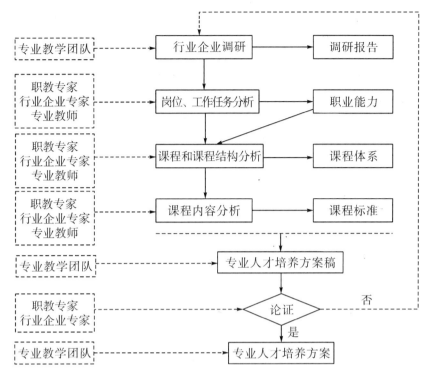

图4-3 制订专业人才培养方案的工作流程

表4-1 制订专业人才培养方案的工作阶段和工作步骤

工作阶段	工作步骤
行业企业调查	①行业企业调研
	②调查报告
专业研讨	③岗位群分析
	④工作任务和职业能力分析
	⑤核心课程和课程结构分析
	⑥课程标准
方案起草	⑦完成专业人才培养方案草案
方案评估	⑧方案论证形成修改意见
	⑨修改和反馈
方案定稿	⑩方案定稿

4.3.2 行业企业调研

对专业所在的区域行业经济的运行状况、产品生产、销售、消费、技术、行业竞争力、市场竞争格局、行业政策、行业人才需求等行业要素进行深入分析，从而发现行业运行的内在规律，进而能进一步预测未来行业发展的趋势。行业分析主要是了解行业的发展对人才结构和数量的需求，尤其是高职院校毕业生就业的影响，对指导专业规划、建设和专业定位具有决定性的意义。

4.3.2.1 调研范围

此次调研以学院所服务区域经济所在地域为主。

4.3.2.2 调研对象

（1）专业（群）校企合作理事分会成员；

（2）相关行业企业的相关人士，包含高层、技术层面、管理层面、人力资源等各个方面；

（3）人才市场上有关企业的招聘人员；

（4）历届毕业生。

4.3.2.3 调研目的

调研专业所对应行业、产业的发展趋势、人才结构与需求状况，以及高职该专业的教学现状，以便寻找到其间的差距，从而为该专业的课程改革提供原则建议。

4.3.2.4 调研结果的分析与整理

项目组期望通过调研能获得以下成果：

（1）行业发展现状，包括国家行业的发展现状、区域行业的发展现状、技术发展动态与发展趋势等。

（2）人才市场需求状况，包括技术技能型人才的市场需求分析、技术人才的结构及来源渠道等。

（3）专业现状分析，包括专业点分布情况、专业招生与就业岗位分布情况、专业教学情况及存在的主要问题等。

（4）该专业对应的职业岗位群和职业能力。

（5）了解目前与该专业相对应的具有较高社会认可度的职业资格证书。

（6）了解该专业的培养目标该如何定位，企业的需求是什么。

把调查结果进行整理分析，形成专业人才需求与专业改革调研报告。

4.3.2.5 专业定位

专业定位就是确定本专业的专业方向、人才培养目标和人才规格标准。专业定位必须坚持以"岗位职业能力为主线、双证书为抓手"，把加强基础与突出适应性进行有机结合。

（1）专业定位来源于专业调查结果。

（2）专业定位要结合学校和本专业的师资状况、实验实训条件和专业发展规划，确定本专业到底能培养出什么样的人才，能够培养学生的哪些能力。

（3）专业定位必须经过专业校企合作理事分会专业教师团队的认真研讨。

【示例】

专业人才需求与专业改革调查报告提纲[①]

1. 调研背景

1.1 调研目的

1.2 调研意义

2. 调研基本信息

2.1 调研对象与内容

2.2 调研方法与工具

2.3 调研过程与结果

3. 调研分析

3.1 行业企业发展现状与技术发展趋势

3.2 行业从业人员基本情况

本部分包括人数、技术等级、年龄、学历分布结构、工资收入等，未来人才需求趋势，对学历与职业资格证书的要求等。

3.3 专业对应的职业岗位分析

专业对应的职业岗位。

3.4 专业对应的职业资格证书分析

专业社会通用的职业资格证书，以及社会认可度高、对学生就业帮助大的证书，这些职业资格证书和职业岗位之间的对应关系。

4. 专业现状调研

4.1 专业点分布情况

本部分主要统计设置该专业的学校名称及数量。

[①] 根据人力资源和社会保障部《一体化课程教学标准开发技术规程》的要求，并参考了宁波职业技术学院《高职项目课程开发指导手册》进行整理、编写。

4.2 专业招生与就业岗位分布情况

本部分内容主要统计该专业近三年来在校生数和招生数，以及近三年来该专业毕业生就业的岗位分布情况。

4.3 专业教学情况及存在的主要问题

本部分的内容包括课程设置、教材使用、实训条件、考证率、师资情况等。

5. 专业教学改革建议

5.1 专业培养目标调整建议

根据以上调查结果，确定专业培养目标。

5.2 专业课程设置的原则建议

本部分内容包括对课程模式、课程结构以及具体课程设置提出建议。

5.3 专业教学改革建议

5.4 专业师资与实训条件配置建议

本部分的内容主要是对教师的能力要求、职业资格和实训场地、设备提出建议。

4.3.3 岗位职业能力分析

以专业主要的就业面向岗位为主，按照职业岗位工作顺序和各道工序中每项工作的具体要求为标准，确定完成工作所需要的能力和支撑能力的知识。若有国家标准，则参考国家职业标准。

4.3.3.1 岗位群分析

岗位泛指职位，主要是指组织要求个体完成的一项或多项责任以及为此赋予个体的权力总和。岗位分析主要包括：

（1）岗位名称，即该岗位所从事的是什么工作。

（2）岗位活动和程序，包括所要完成的工作任务、工作职责、完成工作所需要的资料、机器设备与材料、工作流程、工作中与其他工作人员的正式联系以及上下级关系。

（3）工作条件和物理环境，包括正常的温度、适当的光照度、通风设备、安全措施、建筑条件，甚至工作的地理位置。

（4）社会环境，包括工作团体的情况、社会心理气氛、同事的特征及相互关系、各部门之间的关系等。此外，应该说明企业和组织内以及附近的文化和生活设施。

（5）职业条件。由于人们常常根据职业条件来判断和解释职务描述中的其他内容，因而这部分内容特别重要。职业条件说明了工作的各方面特点：工资报酬、奖金制度、工作时间、工作季节性、晋级机会、进修和提高的机会、该工作在本组织中的地位以及与其他工作的关系，等等。

4.3.3.2　职业能力分析

职业能力是指在某种从事的职位或工作岗位领域上表现出来的个人动手和实际操作的一种技巧或能力。岗位能力分析是分析从事某项工作的人所必须具备的知识、技能、能力、兴趣、体格和行为特点等心理及生理要求，如表4-2、4-3所示，主要包括有关工作程序和技术的要求、独立判断与思考能力、记忆力、注意力、知觉能力、警觉性、操作能力（速度、准确性和协调性）、工作态度和各种特殊能力要求。岗位要求还包括文化程度、工作经验、生活经历和健康状况等。岗位要求可以用经验判断的方法获得，也可以通过统计分析方式来确定。

（1）一般职业能力。一般职业能力主要是指一般的学习能力、文字和语言运用能力、数学运用能力、空间判断能力、形体知觉能力、颜色分辨能力、手的灵巧度、手眼协调能力等。此外，还有人际交往能力、团队协作能力、对环境的适应能力，以及遇到挫折时良好的心理承受能力，等等。

（2）专业能力。专业能力主要是指从事某一职业的专业能力。在求职过程中，招聘方最关注的就是求职者是否具备胜任岗位工作的专业能力。例如，你去应聘教学工作岗位，对方最看重你是否具备最基本的教学能力。

（3）综合能力。这里主要介绍国际上普遍注重培养的"关键能力"，主要包括以下四个方面：

①方法能力。一是信息收集和筛选能力；二是制订工作计划、独立决策和实施的能力；三是具备准确的自我评价能力和接受他人评价的承受力，并能够从成败经历中有效地吸取经验教训。

②学习能力。它是指学生通过教师的指导而掌握科学的学习方法，也就是通常所说的"会学"。所以，学生只有懂得"会学"，才能实现"学会"，才能不断提高学习能力。一般学习能力是指在很多种基本活动中表现出来的能力，如观察力、记忆力、抽象概括能力、注意力、理解能力等。

③社会能力。社会能力主要是指一个人的团队协作能力、人际交往和善于沟通的能力。在工作中能够协同他人共同完成工作，对他人公正宽容，具有准确裁定事物的判断力和自律能力等，这是胜任岗位和能在工作中开拓进取的重要条件。

④专业迁移能力。以下三个方面可以体现出一个人跨职业的专业迁移能力：一是运用数学和测量方法的能力；二是计算机应用能力；三是运用外语解决技术问题和进行交流的能力。

【示例】

表 4-2　典型岗位工作任务与职业能力分析一览表（简约分析版）

序号	岗位	工作任务	对应职业能力
1	焊接操作	1.1 编写结构生产工艺规程，包括下料工艺、装配工艺、焊接工艺以及检验工艺 1.2 编写工艺评定任务书及工艺评定报告 1.3 工艺实施监督	1.1 熟悉图纸 1.2 熟悉各种设备的性能 1.3 熟悉各种焊接材料 1.4 掌握各种焊接方法操作技能
2	焊接工艺	2.1 下料 2.2 装配 2.3 焊接	2.1 熟悉图纸 2.2 熟悉产品标准、工艺规范 2.3 熟悉焊接工艺过程 2.4 熟悉各种焊接材料 2.5 熟悉各种焊接方法 2.6 焊接成本分析 2.7 工装夹具设计、验证 2.8 工艺评定 2.9 能对设计人员的错误予以指正
3	焊接检验	3.1 下料阶段，检验尺寸及切口质量 3.2 装配阶段，检验装配尺寸及形位精度 3.3 焊接过程及焊缝质量的检验，包括外观质量和内部质量 3.4 耐压试验和密封性试验	3.1 识图 3.2 外观质量检测 3.3 读片 3.4 返修结果的判断 3.5 按工艺编写检验过程卡 3.6 基本检测工具的使用 3.7 焊接技术参数的判断 3.8 熟悉检验设备的性能
4	生产管理	管理好焊接生产过程，避免安全事故，减少环境污染，实现按期交货、低成本、高质量这三大目标。包括： 4.1 成本管理 4.2 工期管理 4.3 质量管理 4.4 安全管理	4.1 具有编制安全培训的相关知识及安全隐患识别能力 4.2 资源的组织协调和沟通能力 4.3 编制生产作业计划的能力 4.4 具有生产与质量的检查、发现、处理及反馈问题的能力 4.5 现场操作的安全监督管理能力以及安全危险源的辨别能力

表 4-3　典型岗位工作任务与职业能力分析一览表（详细分析版）

序号	岗位	工作任务	对应职业能力
1	设备操作与维护	1.1 设备参数设置、调整	1.1.1 能看懂设备说明书 1.1.2 熟悉设备操作方法 1.1.3 明确设备各参数作用、含义 1.1.4 明确设备安全操作规定
		1.2 设备良好率确认	1.2.1 熟悉设备各状态下外观、参数以及各指示灯 1.2.2 仪表显示情况
		1.3 生产过程中设备运行状态控制	1.3.1 明确设备不同状态下对产品的影响 1.3.2 熟悉相对应产品所需设备运行状态 1.3.3 能根据环境、材料变化确定设备状态 1.3.4 能对设备进行应急处理 1.3.5 具有吃苦耐劳的工作作风
		1.4 设备维护保养	1.4.1 了解设备维护保养步骤 1.4.2 熟知设备维护过程中所需的材料 1.4.3 熟知设备各个需维护部分的结构 1.4.4 了解设备停止、保存时所需状态 1.4.5 会编制设备管理卡片 1.4.6 掌握设备精度的调整方法
		1.5 设备运行情况记录	1.5.1 了解设备运行记录方式 1.5.2 熟悉设备各仪表的显示模式及数据 1.5.3 熟悉设备各仪表所对应的记录参数
		1.6 设备故障诊断	1.6.1 熟悉设备结构 1.6.2 熟悉设备工作原理 1.6.3 认识机械结构图纸及电路原理图 1.6.4 熟悉设备各个部分所控制设备运行状态
		1.7 设备故障维修	1.7.1 能熟练使用各种维修相关工具 1.7.2 了解各故障情况下设备维修方法，明确设备安全操作规范
		1.8 维修结果记录、认证	1.8.1 熟悉设备维修记录格式 1.8.2 了解设备正常运行时各状态及部分参数

表4-3(续)

序号	岗位	工作任务	对应职业能力
2	材料采购	2.1 询价	2.1.1 知道采购渠道 2.1.2 了解材料的供应商牌子、标志 2.1.3 了解各地区行业特色 2.1.4 会熟练操作电脑
		2.2 议价	2.2.1 了解材料的性能、指标、封装形式、检验标准、替代标准 2.2.2 了解市场行情和供求情况 2.2.3 收集新材料信息 2.2.4 能与供应商沟通
		2.3 下单	2.3.1 能识别假货 2.3.2 能根据行情正确报价和确认购买数量
		2.4 送检入库	2.4.1 知道入库的标准 2.4.2 确认来料的数量
3	产品销售与售后服务	3.1 市场信息收集	3.1.1 收集同行信息，定位技术部门开发产品的价位、周期和卖点 3.1.2 会熟练使用电脑
		3.2 产品报价	3.2.1 能比较本公司产品与同类产品的优劣 3.2.2 会初步核算产品成本
		3.3 用户回访	3.3.1 社会交际培养，交际套路学习 3.3.2 会进行产品的简单维修保养
		3.4 产品技术支持	3.4.1 熟悉产品的工作原理和运用场合 3.4.2 能比较本公司产品与同类产品的优劣
		3.5 产品使用指导	3.5.1 熟悉产品的性能、使用方法及注意事项
		3.6 定期质量调访	3.6.1 熟悉产品的质量要求 3.6.2 能与用户沟通
		3.7 产品故障修复	3.7.1 会使用常用设备仪器、工具、仪表 3.7.2 通过仪器、仪表测量的数据能判断产品故障 3.7.3 能分析故障原因并尽快修复
		3.8 建立售后档案	3.8.1 能对数据进行分析 3.8.2 能进行文件归纳
		3.9 与用户沟通	3.9.1 知道国家的三包规定及厂家相关的服务承诺 3.9.2 能与客户良好沟通
		3.10 产品质量信息反馈	3.10.1 能与客户良好沟通

4.3.3.3 整合职业能力和专业素养要求

按照职业基础素质、专业核心能力、专业拓展能力进行归类和整合，如表 4-4 所示。

表 4-4 整合职业能力和专业素养要求

序号	项目	职业能力与素养
1	职业基础素质	1.1 有正确的世界观、人生观、价值观，遵纪守法，为人正直诚实，具有良好的职业道德和公共道德 1.2 拥有健康的体魄，养成良好的体育锻炼和卫生习惯，具备健全的心理和乐观的人生态度 1.3 具有良好的文化基础和修养；善于自学，同时关注本行业科学技术的新发展，不断更新知识；具有社会交往、处理公共关系的基本能力 1.4 具有爱岗敬业、遵纪守法、团结协作的品质，有立业、创业的意识，有严谨务实的工作作风
2	专业核心能力	2.1 能读懂并测绘较复杂机械设备的电气控制原理图和机电装配零件图；能测绘较复杂机械设备的电气线路图，列出电气元件明细表 2.2 能测绘典型电子线路，并绘制原理图 2.3 能正确使用工具，安装较复杂机械设备的电气控制系统，并能调试整台设备 2.4 能正确选用示波器、电桥、晶体管特性图示仪、万用表、兆欧表等常用电工仪表 2.5 能拆装交流异步电动机、直流电动机及各种特种电机 2.6 能绕制小型变压器，并检修大容量变压器 2.7 能设计和安装典型模拟电路和数字电路，并进行调试与维修 2.8 能编制一般机械设备的电气修理工艺，分析、检修和排除较复杂机械设备的电气部分常见故障 2.9 能进行可编程逻辑控制器（PLC）的选型，构建及调试较复杂的 PLC 控制设备电气系统，并能独立解决调试中出现的问题
3	专业拓展能力	3.1…… 3.2…… 3.3……

4.3.3.4 课程结构

课程结构如图 4-4 所示。

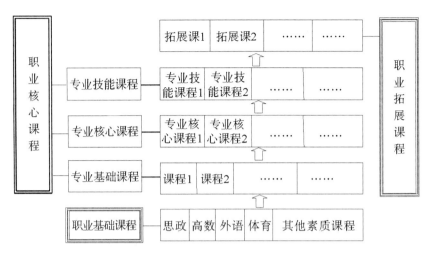

图 4-4　专业课程结构

4.3.4　核心课程

根据专业技术领域和职业岗位（群）的任职要求，参照相关的职业资格标准，整合和序化相应的知识、技能、态度，确定课程内容，形成以职业岗位和职业能力为本位的专业课程体系。形成以学生获得职业行动能力和职业生涯可持续发展为目标，以职业活动为主体，知识、技能、态度有效融合的课程体系。

4.3.4.1　核心课程设置

核心课程设置示例见表 4-5。

表 4-5　核心课程设置示例

序号	课程名称	教学目标	工作任务（教学任务）	职业能力
1	金工工艺与操作	掌握钳工、车工、焊接等各工种的基本操作技能	1. 钳工基本技能及加工工艺 2. 车工基本技能及加工工艺 3. 焊接基本技能及加工工艺	能熟练使用常用的工具、量具，正确操作机械设备加工常用零件

表4-5(续)

序号	课程名称	教学目标	工作任务（教学任务）	职业能力
2	变流技术及应用	了解晶闸管的工作特性，掌握可控整流调光灯电路和可控整流大电感在负载电路中的工作原理，掌握各电路元器件选择的方法及安装、调试和检修的方法	1. 晶闸管的型号选择与工作特性的测定 2. 单相半控桥、全控桥电路的安装与检修 3. 三相半控桥、全控桥电路的安装与检修 4. 位能性负载电路的晶闸管系统电路的安装与检修	具备对单相、三相晶闸管系统拖动位能负载电路进行安装、调试和检修的基本能力
3	单片机编程与操作	掌握单片机基础理论，熟悉 MCS-51 单片机的基本硬件结构，掌握软件设计的基本方法	1. 单片机的硬件结构 2. 单片机的指令系统 3. 汇编语言程序设计 4. 单片机的扩展功能	具备简单控制系统设计与开发的能力
4	AutoCAD	掌握 AutoCAD 的绘图、编辑、标注等基本命令，了解绘图环境和绘图工具的设置方法	1. AutoCAD 的绘图环境 2. 绘图指令的使用 3. 图形编辑 4. 图形的输出	能绘制二维机械图纸，输出满足国家标准的图纸，达到国家一级绘图员水准
5	电气线路设计	掌握典型复杂电气设备（龙门刨床）的综合分析方法和测试步骤，熟悉设备工艺控制要求、结构及工作原理	1. 运货小车控制线路设计 2. 简易电梯控制线路设计 3. 机械手控制线路设计 4. 液压机床控制线路设计 5. 交通灯控制线路设计 6. 钻深孔机床控制线路设计 7. 拉管机控制线路的设计	具备对复杂电气设备的综合设计能力

表4-5（续）

序号	课程名称	教学目标	工作任务（教学任务）	职业能力
6	传感器与检测技术	掌握电阻式、电容式、电感式等常用传感器的结构、原理及应用；了解常用传感器在自动化控制电路中的作用；掌握常用检测技术的基本原理和实际应用	1. 常用传感器的结构、原理 2. 传感器在电梯控制系统中的应用 3. 传感器在分料装置中的应用	具备自动检测设备的安装与维修能力

4.3.4.2 建立以职业岗位和职业能力为本位的专业课程体系

专业课程体系示例见表4-6。

表4-6 以职业岗位和职业能力为本位的专业课程体系（示例）

课程模块	课程类型	序号	课程名称	学分	学时分配			教学阶段（学期）						备注
					学时	理论	实践	一	二	三	四	五	六	
职业基础	公共基础课程	理论课 1	大学外语	8	130	130		√	√	√	√			
		理论课 2	安全教育	1.5	24	24		√	√	√	√	√	√	
		理论课 3	高等数学	3	48	48		√						
		实践课 4	体育	3	48		48	√	√					
		理论课 5	毛泽东思想和中国特色社会主义理论体系概论	4	64	52	12			√				
		理论课 6	思想道德修养与法律基础	2.5	40	30	10	√						
		理论课 7	形势与政策	1	16	12	4		√					
		理论课 8	高职生实用法律知识	1	18	18			√					
		理论课 9	就业与创业指导	1	12	12						√		
		实践课 10	军训及入学安全教育	3	60		60	√						
		理论课 11	职业素养提升与发展规划	2	28	28		√						
		理实一体 12	公选课	8	140	100	40	√	√	√	√			
		理实一体 13	计算机文化基础	4	65	26	39	√						
			小计	42	679	472	207							

表4-6(续)

课程模块	课程类型	序号	课程名称	学分	学时	理论	实践	一	二	三	四	五	六	备注
职业核心能力与素质	专业基础课程	14	电工电子技术基础	3	48	48				√				
		15	机械制图与AutoCAD	9.5	60	60	120	√	√					
		16	金属材料与热处理	3	48	48				√				
		17	焊接职业规范	1.5	20	20		√						
		18	机械设计基础	3	48	48				√				
		19	工程力学	2	32	32		√						
		20	熔焊原理	3	48	48				√				
		21	金属材料焊接	3	48	48					√			
		22	焊接职业认知	3	60		60	√						
	专业核心课程	23	焊接方法与工艺	4	80	60	20			√	√			
		24	焊接设备与应用	2.5	40	20	20				√			
		25	焊接结构生产	4	80	60	20			√	√			
		26	焊接生产管理	3	48	30	18				√			
		27	焊接自动化技术及应用	3.5	60	30	30				√			
		28	焊接检验	2.5	40	25	15				√			
		29	焊接结构零件制造技术	4.5	90	20	70		√					
		30	焊接结构装焊技术	9	180	30	150				√			
	技能训练	31	电焊初级工技能实训	7.5	150		150	√	√					
		32	电焊中级工技能实训	7.5	150		150			√				
		33	焊接焊接方法实训	3	60		60				√			
		34	先进切割技术实训	2.5	50		50				√			
		35	顶岗实习	22.5	450		450						√	
		小计		107	2 010	627	1 383							
职业拓展课程	专业选修课程	36	数控切割与编程	2	32	20	12							2选1
		37	专业英语	2	32	20	12							2选1
		38	焊接标准	1	16	10	6							2选1
		39	堆焊与喷涂技术	1	16	10	6							2选1
		40	艺术修养与实践	1	20		20							2选1
		41	公益劳动	1	20		20							2选1
	技能训练	42	电焊高级工技能实训	5	100	20	80					√		3选1
		43	机器人焊接操作员训练	5	100	20	80					√		3选1
		44	初级钳工或维修电工技能实训	5	100	20	80					√		3选1
		45	特种设备焊工资格证操作培训	5	100	20	80				√			3选1
		46	焊接竞赛与专项技提高能训练	5	100	20	80				√			3选1
		47	综合性实践课程	5	100	20	80				√			3选1
		小计		14	268	70	198							
		总计		163	2 957	1 169	1 788							

4.4 校企合作实训基地建设

4.4.1 实训基地建设的指导思想

学院专业建设中的实训基地建设主要是为了适应广西经济"14+10"框架体系的产业发展需求，尤其是机械、电子信息、汽车、石化、修造船、物流等方面的发展需要，解决技术技能型人才培养中的实训实践问题。结合学院办学定位的具体实践和发展规划，集中打造服务现代制造业成为教学、科研、人才培训、技术开发和社会服务的综合性、现代化、开放式的实践基地，实现校企一体化、产学研相结合。

实训基地建设必须构建具有"教学、培训、技术开发和生产"四位一体的功能，能够承担实践教学和学生职业素质训导、职业技能培训、技能鉴定和职业资格认证、科技开发和新技术推广应用、生产与社会服务等任务。学院内实训基地建设的总体要求，把实训基地建设成融"教学、培训、技术开发和生产"等功能于一体的、具有明显职业特性、区域一流、对区域内职业院校的同类专业具有显著带动与辐射作用、充分体现"教、学、做"一体化的实训基地。

4.4.2 实训基地建设的原则

4.4.2.1 创新性原则

实训基地建设尽可能与国际接轨，应当体现先进的职业教学理念，遵循市场运行规律，多方引入社会资金，建立校企合作、服务社会的实践基地。

4.4.2.2 适用性原则

实训基地建设要结合学院各专业（群）特点，多专业共享，根据经济结构和产业结构调整对技术技能型人才培养的需求来设置，具有明确的针对性和适用性。

4.4.2.3 先进性原则

实训基地建设设备要有先进性，与行业接轨，模拟、仿真或真实的培训设备要体现企业的同期设备技术水平，并有一定的超前性，能满足技术技能型人才培养要求。

4.4.2.4 仿真性原则

对于投资数额大或校园内难以实现的实训基地，比如大型生产过程管理、发配电系统、旅游线路等，尽可能采用虚拟、仿真等方式，建设内容应尽可能靠近生产和管理第一线，营造与真实的职业环境相近的工作环境，可以按照职业岗位（群）的能力要求，进行实际操作训练（包括综合技术和职业素质培训）。

4.4.2.5　效益性原则

实训基地建设的实质是追求效能最大化，实现教学成果最优化、社会效益最大化。

4.4.3　实训基地建设的实施

4.4.3.1　实训基地建设调研

实训基地的建设必须以调研数据为依据。实训基地建设调研报告包含以下几个方面：与实训基地相关的行业企业技术与装备的发展现状，国内同类实训基地建设发展状况，标杆实训基地的装备、布局、运行管理等状况，以及对建设实训基地的建议等，如表4-7所示。

表4-7　实训基地建设调研表

实训基地建设调研表			
一、调研基本情况			
基地名称		所属行业	
资料来源		调研方法	
调研负责人		制作日期	
二、区域行业企业技术、装备发展现状			
三、国内同类实训基地发展现状			

表4-7(续)

四、国内标杆实训基地建设状况（技术、装备、布局、运行管理等情况）
五、对需要实训基地建设的建议

4.4.3.2 实训基地建设实施方案

根据有关实训基地建设的要求，撰写建设实施方案，方案要充分体现与行业企业合作、工学交替的职业教育特点，建立新型的职业教育实训基地，把学生实训操作、轮岗实训、教师技术开发和产品生产融为一体。营造现代企业环境和文化氛围，具有区域行业企业不具备的小型化、多样化、个性化生产能力。实训设备应配有行业先进的生产型设备，实训场地建筑面积能够满足教学培训需要，实训工位满足实训教学需要，采用实训模块分区。实训基地现场设备布置、安全、环保等满足国家相关法规的要求。以此为依托，建设教学、科研、技术开发、生产、服务、培训相结合的多功能综合技术开发中心。中心既要拥有现有产业技术，又要着眼未来新技术，发挥高新技术孵化器的作用。并通过技术合作、优势互补，加强实训基地建设。建设实施方案经专家论证通过后，向学院提交建设申请书，见表4-8。

表 4-8 实训基地建设实施申报书

实训基地建设实施申报书			
一、实训基地建设基本情况			
实 训 基 地名称		项目编号	
资金来源		资金额度	
建设负责人		制作日期	
二、实训基地需要购置的主要设备的选型（若设备较多，可另附设备清单）			
三、实训基地布局（布局较为复杂的，可另附布局图）			
四、学校配套设施（用房、用电、用水等情况）			
五、基地建设时间进度和成果（包含关键时点、完成事项、预期效益）			

表4-8(续)

六、实训基地建设项目组成员

七、审批意见

审批部门	意见	签名	时间
系部及有关部门			
教务处			
校领导			

4.4.3.3 实训基地建设实施过程

在实训基地的建设实施过程中，应严格按照有关规定，实行合同管理制、项目负责制、招投标制，并根据具体情况灵活实施项目工程监理制。

实训基地建设负责人对项目负总责，负责实训基地建设方案的总体策划、协调与管理。对实训基地建设技术管理专责，负责制定实训基地建设项目实施方案、负责土建装修设施使用需求报告；负责编制设备技术规范书、设备招标文件和招标计划表；负责建设过程的质量监督和安全管理；负责施工组织设计、安全措施计划的制订并上报教务科研处。

针对在实施过程中需配套增加的计划外的基地建设项目，经实训基地所在部门申请，并由教务科研处审核，提交学院批复同意后方可变更和下达补充计划。实训基地建设验收总结表如表4-9所示。

表 4-9　实训基地建设验收总结表

实训基地建设验收总结表			
一、实训基地建设基本情况			
实训基地名称		项目编号	
资金来源		资金额度	
建设负责人		制作日期	
二、实训基地建设完成情况总结			
1. 时间总结			
开始时间		计划完成日期	实际完成日期
时间（差异）分析			
2. 成本总结			
计划费用		实际费用	
成本（差异）分析			
3. 交付结果总结			
计划交付结果			
实际交付结果			
未交付结果			
交付结果（差异）分析			
三、实训基地建设经验、教训总结			

表4-9(续)

	签字	日期
项目验收		
项目负责人		

4.5 校企"双师型"教师队伍建设

4.5.1 建立"四位一体"校企合作理事会，健全运行制度，形成校企合作长效机制

学院建立了政府、行业、企业和学校"四位一体"的校企合作理事会和专业校企合作理事分会，全面对接行业企业，形成了政行校企紧密合作、四方良性互动的有效机制；建立了 8 个系部校企合作工作组、6 个专业（群）校企合作理事分会、4 个地市校企合作工作站，形成了完备的校企合作组织体系。校企合作在纵向加强了国家行业协会的联系，获取行业标准、行业发展方向、行业政策指导；在横向加强了广西区域及周边行业企业的紧密合作，赢得企业在实习实训基地、企业兼职教师基地、师资培训基地、就业基地等方面对学院人才培养的支持。学院完成制定《广西机电职业技术学院校企合作管理制度汇编》，构建了较完备的校企合作制度体系，形成了市场导向的校企合作利益驱动机制，建立了校、系、专业校企合作三级管理机制，完善了校企合作工作考评办法和质量保证体系，保障了校企合作的有效持续运行。

项目的实施，推进了学院办学体制机制创新。探索构建校企合作长效机制，建立市场导向的校企合作利益驱动机制，激励企业和教师积极参与校企合作工作，构建了利于校企合作的持续运行的办学体制机制。一是实施"五个百"工程，即联合百个行业主导企业、共建百个稳定的实习实训基地、构建百个师资培训基地、吸纳百个杰出企业人才兼职、建立百个就业基地。二是落实校企合作工作"8 对接"。校企合作理事会落实对接高层行业协会、主导企业、行业专家，校企合作工作站落实对接各地市实习实训、技术服务、就业；

系部校企合作工作组落实对接系部各专业实习实训、技术服务、就业；专业理事分会落实对接行业协会、行业企业、行业精英；专业带头人落实对接行业专家、企业精英和 5 家行业企业；专业骨干教师落实对接 3 家行业企业；专业教师落实对接 2 家行业企业；跨专业创新团队落实对接企业技术服务与合作、社会培训。三是构建"校企一体，四双驱动"教学模式，专业教学全过程实施"双专业带头人、双教学团队、双教学监控、双评价考核"。

办学体制机制的创新，为合作办学、合作育人、合作发展、合作就业的校企合作长效机制提供了有力保障，有效地促进了"校企合作共育人，协同创新齐发展"良好局面的形成，学院校企合作共同育人取得了显著成效。学院加强与行业企业的紧密联系，在充分考虑相关合作主体利益诉求以及愿景、成长性、规模、资源、能力等要素的基础上，校企合作共建利益共同体，建立了 5 家"校中厂"和 5 家"厂中校"，校企深度融合促进了双方优势资源互补，企业获得了人才、经济、政策、社会等多元利益，学校获得设备、资金、培训、就业等多方实惠，倍增双方利益，实现互惠共赢，形成了"校企共生，合作共赢"的良好局面。

4.5.2 建设校企"双主体"教师培训基地，跨专业建团队，打造一专多能双师队伍

根据产业转型升级对高等职业教育人才培养的要求，学院健全适应高职教育发展需要、机制灵活、开放多元、层次分明、分工合作、协同创新的师资培养培训体系，着力提升教师职业技能、教育教学能力，促进专业课教师向双师型转型发展。学院以"核心岗位能力、核心职业技能"为导向，建立"双核导向"的技能大师工作室，完成了焊工、维修电工、钳工、车工 4 个技能大师工作室，汇集了 6 名国家技术能手和 15 名广西技术能手。技能大师言传身教，开展技术攻关，进行职业指导，传授绝技绝活，宣传企业文化，培养能工巧匠，并与玉柴技师协会等保持经常交流，密切了与企业的联系，取得良好效果。积极鼓励教师到企业一线参加实践锻炼，专业课教师和实习指导教师每两年必须有两个月以上时间到企业或生产服务一线，学习了解企业的生产组织方式、工艺流程、产业发展趋势、产业新知识、新技能、新工艺、新方法等，熟悉生产业务，积累实践经验。学院联合西门子（中国）有限公司等 4 家全国知名企业在学院设立广西区域技术中心，有针对性地将国家甚至国际技术先进公司在广西的技术中心项目引入学院，校企合作开展技术服务和技术培训，有效提升专业技术辐射能力和专业影响力。

学院师资队伍建设通过内培外引，加强兼职教师建设，聘用企业工程技术人员、高技能人才及社会能工巧匠为专兼职教师，加强师资队伍制度建设和完善，积极创建适合高职教师职业发展的环境，着力提升专任教师双师素质，进一步优化双师结构，打造了一支师德高尚、业务精湛、结构合理的专兼结合教师队伍，成效显著。制定了《高职院校双师型教师认定标准》《专业教师下企业实践锻炼管理暂行规定》《企业兼职教师聘任及管理暂行规定》《双师素质教师认定与管理暂行办法》《人才引进管理暂行办法》《学院专业带头人、骨干教师遴选及管理办法》《学院十二五师资队伍建设规划》等制度，并有效地组织实施，学院师资队伍建设的体制机制已经适应高职教育发展和学院"校企合作、工学交替"人才培养模式改革的要求，成效显著。学院高度重视师资队伍的培训和进修工作，先后选派教师到德国、新加坡、美国等职业教育水平较高的国家和地区的院校或企业进行培训和进修。通过培训和进修，学院的教师学到了职业教育先进国家、地区院校的先进经验和做法，开阔了眼界，提高了自身的业务水平，促进了学院师资队伍整体水平的提高。

学院双师型教师队伍建设成效显著，依托教师培训基地，以任务为驱动，以校企合作横向项目为纽带，鼓励教师进企业实践、锻炼、服务，双师素质教师数增加了 102 人，总数达到 336 人，专任专业教师数增加了 41 人，总数达到 372 人，双师素质教师占专任专业教师的比例达到 90.32%。专任专业教师的专业职业能力和实践能力得到了进一步提高，双师素质明显提升。学院通过建立完善的兼职教师的聘用、培训与管理制度，加大兼职教师建设力度，兼职教师人数增加了 512 人，总数达到 702 人，兼职教师承担的专业课课时比例达到 50%以上，专兼结合双师结构明显改善。仅示范骨干建设期间，专业带头人新增 12 人，总数达到 70 人，骨干教师数新增 32 人，总数达到 116 人。学院以科研与教研为载体，发挥专业教师团队优势开展应用技术研究和科技攻关，培养专业教学团队的科研能力、专业实践能力、技术服务能力和教学研究能力，有效提升了教师双师素质，教师队伍的社会服务能力明显增强。项目建设期间，教师承担各类上级科研立项达 110 项，其中国家级课题 1 项（取得零的突破），自治区级重点资助项目 7 项，广西千亿产业重大科技攻关项目 3 项，教师的科研为行业企业提供技术支撑和服务，创造了良好的社会效益与经济效益。教师主动融入行业企业，在广西焊接学会等行业协（学）会和企业中担任各类职务，充分发挥了联系行业、沟通企业、促进合作、扩大影响、引领发展的积极作用。

4.5.3 构建"分类分层"绩效考评体系，创新考核管理，促进专业教师转型发展

教师的考核评价制度改革，坚持社会主义办学方向与遵循教育规律相结合，做到全面考核与突出重点相结合，做到分类指导与分层次考核评价相结合，做到发展性评价与奖惩性评价相结合。在考核的要素上，坚持以师德考核为先、教育教学为要、科研评价为基、社会服务为导、教师发展为本的基本要求，坚持德才兼备，注重凭能力、实绩和贡献评价教师，提高师德水平和业务能力，打造高素质专业化教师队伍。

学院稳步推进人事分配制度改革，出台了《院系二级管理方案》《学院绩效考核办法》等制度和办法并组织实施，中层干部竞争上岗、全员聘任制、岗位设置与管理、绩效考核评价机制等得以不断完善，院内人事分配制度改革得到进一步深化，教师岗位聘任得到强化，有效的用人机制和分配机制得以建立，实行了院系二级管理，系部办学的积极性得到充分调动，有效激发了全院教职工活力。对新入职教师，实行导师制的培养措施；将专职教师分教学型教师、教学科研型教师两类进行管理，按"优劳优酬"原则，绩效考核向双师型教师予以倾斜，发挥绩效工资分配的激励导向作用。学院建立健全教师评价考核管理制度，制定了《人才引进管理暂行办法》《双师素质教师认定与管理暂行办法》《专业带头人、骨干教师遴选及管理办法》《专业教师下企业实践锻炼管理暂行规定》《企业兼职教师聘任及管理暂行规定》《师资队伍建设规划》《教师分类管理办法》等制度并有效地组织实施，学院师资队伍建设的体制机制较好适应高职教育发展和学院"校企合作、工学交替"人才培养模式改革的要求，成效显著。

4.5.4 实施"四双驱动"教学模式改革，增强服务能力，引领行业产业转型升级

通过深化校企合作，有效提高了企业参与学院校企合作、共同培养技术技能型人才的热情，调动了学院教师参与校企合作的积极性，有效地推动了校企在人才培养模式改革、课程建设、师资互派、先进技术共享、生产实习及顶岗实习、学生就业等多方面全方位的深度合作，实现校企全程合作共育人才，推进了专业的内涵建设，形成了校企人才共育、过程共管、成果共享、责任共担的紧密型合作办学体制机制，有效地激发了学院办学活力，办学质量逐年提高，办学实力不断提升。

校企共建利益共同体，有效促进了校企深度融合，并体现在人才培养的各个环节，建立了"双专业带头人、双教学团队、双教学监控、双评价考核"校企共同参与的"校企一体，四双驱动"教学模式，校企合作共育人取得良好效果，人才培养质量也得到进一步提升，学生对就业岗位的满意度和专业对口率均有大幅提升，学院毕业生深受企业欢迎。

学院以跨专业创新团队为抓手，开展应用技术研发和攻关，为企业解决技术难题，形成了技术咨询服务、技术改造、技术引进及推广、调整优化工艺结构等服务促进企业发展的技术优势，建立了以技术促发展，靠服务赢支持的"校企互动，协同创新"联动机制。仅在国家示范性骨干高职院校建设期内，行业企业对学校的投入资金达 2 084.34 万元，学校对外技术服务到款额有 1 604.37 万元。先后 7 家企业在学院设立奖学金，签订合作协议的企业数由 2010 年的 270 家增加到 403 家；从行业企业聘请的兼职专业教师数由 2010 年的 190 人增加到 702 人；建立了校外顶岗实习（10 人以上）基地数达到 156 个，学校培训企业员工数 28 151 人，实现了社会效益与经济效益的双丰收。较好地适应了产业转型升级对高等职业教育师资队伍建设和人才培养规格变化的要求。

4.5.5　校企共建"双师型"教师队伍建设创新点与特色

4.5.5.1　建立"四位一体"校企合作理事会，创新校企合作的路径设计与运行管理

推进办学体制机制改革，优化校企合作的政策环境，建立了政府、行业、企业和学校"四位一体"的校企合作理事会和专业校企合作理事分会，全面对接行业企业，形成了政行校企紧密合作、四方良性互动的有效机制，健全了校企合作组织管理机构，实行学院、系部、专业三级管理，把校企合作落到操作层面上；校企合作共建利益共同体，实现教育资源的优化组合，吸引区域行业企业以资金、人才、设备、生产基地等方式参与专业课程建设、师资互派、生产实习及顶岗实习，切实解决技术技能型人才培养过程中先进技术运用、实践教学等问题，形成了校企人才共育、过程共管、成果共享、责任共担的紧密合作关系，形成了"校企合作共育人，协同创新齐发展"良好局面的形成，推进了校企合作的实质开展。

4.5.5.2　建设校企"双主体"教师培训基地，创新"一专多能"双师型教师的培养措施

建立健全适应高职教育发展需要、机制灵活、开放多元、层次分明、分工

合作、协同创新的师资培养培训体系，着力提升教师职业技能、教育教学能力，促进专业课教师向双师型教师转型发展。充分发挥行业办学和学院校企合作理事会的优势，按照"内培外引、制度激励、校企互动、协同合作、实践锤炼、整体提升"的原则构建双师型教师队伍建设基地，形成基于利益共同体的校企"双主体"的"一专多能、双师型"师资队伍培养培训体系。制定并实施《双师素质教师认定与管理暂行办法》《专业教师下企业实践锻炼管理暂行规定》等制度，着力在双师素质建设和双师结构优化上狠下功夫，结合跨专业科技创新团队的建设经验，提出了校企合作共同提升师资队伍双师素质、专业带头人和骨干教师培养、兼职教师队伍建设的有效途径和措施。通过内培外引，加强兼职教师建设，建立健全加强师资队伍建设的管理制度，积极创建适合高职教师职业发展的环境，提升专任教师双师素质，进一步优化双师结构，打造了一支师德高尚、业务精湛、结构合理的专兼结合教师队伍，成效显著。

4.5.5.3 构建"分类分层"绩效考核评价体系，创新专业教师向双师型发展的有效途径

学院稳步推进人事管理和分配制度改革，出台了《院系二级管理方案》等制度和办法并组织实施，推行全员聘任制、岗位设置与管理、绩效考核评价机制等得以不断完善，有效的用人机制和分配机制得以建立，系部办学的积极性得到充分调动，有效激发了全院教职工活力。学院建立健全教师评价考核管理制度，制定《学院绩效考核办法》并每年进行滚动式修订，制定并实施《教师分类管理办法》《教学工作考核办法》《科研工作考核办法》《专业建设与社会服务工作考核办法》等制度，学院师资队伍建设的体制机制较好适应高职教育发展和学院"校企合作、工学交替"人才培养模式改革的要求。创新了教师的考核评价制度改革，实现全面考核与突出重点相结合，分类指导与分层次考核评价相结合，发展性评价与奖惩性评价相结合，坚持德才兼备，注重凭能力、实绩和贡献评价教师，提高师德水平和业务能力，打造高素质专业化教师队伍。

4.5.6 校企共建"双师型"教师队伍建设应用效果

4.5.6.1 深度融合，校企合作长效机制取得显著成效

依托校企合作理事会和校企利益共同体，校企关系越来越紧密。国家示范骨干高职院校建设期间，各专业依托专业理事单位，为专业建设课程改革献计献策，共建教学资源库，接收教师挂职锻炼、学生顶岗实习。校企合作越来

紧密，校企合作机制日趋完善，校企合作成果卓有成效。

在合作发展方面，学院与行业企业长期紧密合作，联合攻关解决技术难题，共建利益共同体，共同培养技术技能人才，实现互惠共赢。焊接技术及自动化专业与中国焊接协会合作，设立了"中国焊接协会机器人焊接（南宁）培训基地"，共同开展机器人焊接"操作员"和"操作技师"的培训与鉴定；与广西焊接学会合作成立了"广西焊接与切割高新技术应用研发推广中心"，发挥专业教学团队在区域的技术优势，专业与企业合作开展技术攻关、横向科研项目和技术推广应用等，促进企业技术进步和发展，使企业受益；打破了传统的组织管理模式和学科专业界限，整合科研优势资源，组建跨专业、跨校企的创新团队，开展横向科研项目与推广应用、技术帮扶等，促进企业技术进步和发展；承担广西千亿产业重大科技攻关项目"基于激光视觉传感的焊缝跟踪系统开发与应用"，在东盟国家推广"S287 水轮机专用不锈钢药芯焊丝E317L-T1"应用等，都产生了良好的社会经济效益。国家示范性骨干高职院校建设期间，专业与合作企业开展自治区科研项目 10 项，为企业开展技术攻关、技术研发项目服务 4 项，开展新技术、新工艺试验与推广应用 11 项，为企业解决技术难题和技术攻关 13 项，为企业培训员工焊接技术 643 人，创造经济效益 500 多万元。电气自动化专业瞄准中小企业，利用教师多年研究的科研成果，开展技术服务与项目开发，提高专业团队的技术服务能力和科技成果转化能力，积极促进科研成果推广。面向中小企业生产运营的薄弱环节，在企业中开展了"基于激光视觉传感的焊缝跟踪系统开发与应用"等 8 个项目的技术服务和应用，推动合作企业的技术进步，为企业创造了显著的经济效益，实现了技术服务到款额 36.5 万元。2012 年，物流管理专业教师协助合作企业——广西桂华物流有限公司 2012 年成功申报"甩挂运输"项目，该公司被广西壮族自治区交通厅选为广西首批两家"甩挂运输方式"试点单位之一，并获政府 150 万元资金支持。

在合作育人方面，7 家企业在学院建立奖学金，签订合作协议的企业数由 2010 年的 270 家增加到 403 家，合作企业优先获得毕业生的挑选权；在合作企业就业的学生数达 2 286 人，从行业企业聘请的兼职专业教师数由 2010 年的 190 人增加到 702 人；建立了 10 人以上校外顶岗实习基地 156 个，合作企业接收实习实训学生 13 944 人。

在合作就业方面，我院毕业生持续受到广西大型知名企业的青睐。三年来，广西玉柴机器集团、广西南南铝加工有限公司、上汽通用五菱股份有限公司等广西主导产业企业录用学院毕业生人数达到 2 000 多人，有力地促进了本区域主导产业的发展。

4.5.6.2 内培外引，双师型教师队伍结构素质有了明显改善

建立健全了师资队伍建设制度，大力推进人事分配制度改革，内培与外引相结合，加强专兼职教师队伍建设，积极创建适合高职教师职业发展的环境，着力提升专任教师双师素质，进一步优化双师结构，打造了一支师德高尚、业务精湛、结构合理的专职兼职结合教师队伍，成效显著。国家示范性骨干高职院校建设期间，专业带头人新增 12 人，总数达到 70 人，骨干教师数新增 32 人，总数达到 116 人。学院以科研与教研为载体，发挥专业教师团队优势开展应用技术研究和科技攻关，培养专业教学团队的科研能力、专业实践能力、技术服务能力和教学研究能力，有效了提升了教师双师素质，教师队伍的社会服务能力明显提升。教师承担各类上级科研立项达 110 项，其中国家级课题 1 项（取得零的突破），自治区级重点资助项目 7 项，广西千亿产业重大科技攻关项目 3 项，为行业企业提供技术支撑和服务，创造了良好的社会经济效益。教师主动融入行业企业，在广西焊接学会等行业协（学）会和企业中担任各类职务，充分发挥了联系行业、沟通企业、促进合作、扩大影响、引领发展的积极作用。

教师培训与进修工作成效明显，国家示范骨干高职院校建设期间，学院先后选派教师 100 多人次到德国、新加坡、美国等职业教育水平高的国家和地区的院校或企业进行培训和进修，教师学到了职业教育先进国家、地区院校的先进经验和做法，开阔了眼界，提高了自身的业务水平，促进了学院师资队伍整体水平的提高。

双师型教师队伍建设成效显著。学院以任务为驱动，以校企合作横向项目为纽带，鼓励教师进企业实践、锻炼、服务，双师素质教师数增加 102 人，总数达到 336 人，专任专业教师数增加 41 人，总数达到 372 人，双师素质教师占专任专业教师的比例达到 90.32%。专任专业教师的专业职业能力和实践能力得到了进一步提高，双师素质明显提升。学院通过建立完善兼职教师的聘用、培训与管理制度，加大兼职教师建设力度，兼职教师人数增加 512 人，总数达到 702 人，兼职教师承担的专业课课时比例达到 50% 以上，专兼结合双师结构明显改善。

4.5.6.3 以点带面，推动校内专业建设的深化改革与发展

学院国家示范骨干院校项目启动以来，学院重点专业建设先后带动了专业群的 18 个专业（方向）和院内其他专业的发展，借鉴重点建设专业的改革思路和做法、结合专业的特点进行校企合作、工学结合的创新，在对相关行业企

业进行深入调研的基础上，开展人才培养模式改革，校企双方重新修订人才培养方案，制定课程标准，重构课程体系，改革传统的教学方法和手段，组建专兼结合、结构合理的教学团队，开展实训教学、进行实训实习基地的建设，强化了校企合作、工学结合，形成了各自的特色。例如，印刷图文信息处理专业坚持面向北部湾经济区，服务广西区域经济发展，以为行业企业培养高技能人才为己任，积极探索专业建设与改革之路，依托行业协会，发挥自身优势，开展校企合作，构建并实施了"校企深度融合、工学交替"的人才培养模式，形成了"行业协会为指导、校企共建、产学一体"的专业建设特色。该专业和楼宇智能化工程技术专业在 2011 年被教育部评为"高等职业学校提升专业服务产业发展能力项目"；国家示范骨干高职院校建设期间印刷图文信息处理、机电一体化技术和楼宇智能化工程技术等 5 个专业的实训基地被评为自治区示范性高等职业教育实训基地；2011 年印刷图文信息处理、机电一体化技术和楼宇智能化工程技术等 9 个专业被评为广西高等学校特色专业建设项目。重点专业建设很好地带动了学院其他专业的建设，推动了学院各项工作的改革，使学院与地方经济发展的联系更加紧密，办学特色进一步凸现，办学实力进一步增强，教学质量、管理水平和办学效益明显提高，为持续健康发展奠定了良好基础。

4.5.6.4　德技双馨，技术技能人才培养迈上更高台阶

学院以弘扬社会主义核心价值体系为主旋律，以建设优良的校风、教风、学风为核心，以树立正确的世界观、人生观、价值观为导向，开展校园文化建设，把谨记校训、践行校风、强化职业规范意识作为长期任务来抓，积极推进学院教育的和谐发展，精心组织和参与"校园科技文化艺术节""多彩机电""服务东盟展风采""中越学生大联欢"等活动，打造了一批符合当代社会主流价值观和青年学生精神需求的校园文化品牌，为学生提供了提升能力、超越自我的平台，涌现出一批又一批德技双馨的优秀技术技能人才，为学院添了彩，为祖国争了光。

学院积极倡导"技术自尊、技术自强、技术创业、技术人生"，发挥文化育人功能，将行业、企业、职业等要素融入校园文化，使学生在校就能感受到职业文化，培养职业意识，形成良好职业素养，促进校园文化建设与人才培养的有机结合，促进学生知识、技能、职业素养协调发展，帮助学生掌握过硬的技术技能，同时，具备良好的职业意识和职业素养。学院既重视第一课堂的专业教学，亦重视第二课堂和校园文化建设，营造积极向上、朝气蓬勃的校园文化，为学生提供良好的学习环境。学院因势利导积极构建学生素质拓展平台，

鼓励和支持学生广泛开展紧密结合教学和培养目标的第二课堂活动，引导学生塑造良好人格，培养团结、协作、友善、互助的群体风貌，使学生不仅掌握过硬专业技能，同时提升了综合素质，促进学生全面发展。

技能大赛显身手，全国职业院校技能大赛学院"模具-零部件 3D 测量与制造"项目荣获高职组全国二等奖、第七届全国 ITAT 大赛全国一等奖、第四届全国大学生创业大赛华南区一等奖、全国二等奖、全国大学生物流企业经营管理沙盘模拟大赛全国总决赛三等奖、全国三维数字化创新设计大赛现场总决赛二等奖等。国家示范骨干高职院校建设期间，学生在国内、区内各级各类职业技能竞赛中屡获佳绩。105 人次在国家级技能大赛中获奖，其中特等奖 2 人次，一等奖 8 人次，二等奖 22 人次，三等奖 37 人次；1 104 人次在省级技能大赛中获奖，其中特等奖 12 人次，一等奖 107 人次，二等奖 163 人次，三等奖 234 人次，在广西高职院校中处于领先地位。

学生参加国际技能竞赛取得良好成绩。2011 年 DVS 国际青工焊接大赛在捷克共和国举办，来自中国、德国、斯洛伐克、乌克兰、波兰和捷克 6 个世界焊接技术强国的国家代表队的 100 多名选手参加大赛。由学院焊接专业兰韦东、易强、蒋秋发、邓春荣 4 名同学组成的中国代表队战胜众多世界一流对手，取得团体铜奖，兰韦东和易强两名同学还获得两个单项第一名。2012 年"嘉克杯"国际焊接技能大赛在北京举办，学院焊接专业学生卫腺文获熔化极活性气体保护电弧焊（MAG 焊）第三名。与世界各国焊接精英同台竞技、相互学习、共同提高、延续友谊，不仅推动了国际焊接界的技术进步、企业产品质量的提高，还对高技能人才的培养等起到了积极的推动作用。国家示范骨干高职院校建设期间，学院 11 人次在国际技能大赛中获奖，其中一等奖 4 人次，二等奖 1 人次，三等奖 6 人次，为学院和国家赢得了荣誉。继 2016 年焊接专业在校生在美国参加国际焊接机器人比赛夺得第二、第三名后，2017 年 4 月，第一届全国焊接机器人操作大赛由该院焊接技术与自动化专业两名在校生组队代表广西参加了比赛，夺得团体总成绩第一名和个人总成绩第二、三名的优异成绩，两位选手同时还被授予了"个人总成绩银牌"和"全国焊接机器人操作技术能手"称号。

毕业生就业好、企业满意度高。学院毕业生就业率高达 98%，2010 年以来连年被自治区教育厅评为就业工作先进集体。用人单位对学院毕业生综合评价满意度和对学院毕业生能力素质评价满意度连续三年达 95% 以上。根据麦可思的调查，学院毕业生初次就业平均月薪达 2 089 元，对口率为 80% 以上。由中国科学评价研究中心、武汉大学中国教育质量评价中心和中国科教评价网联合发布的 2015 年广西高职高专院校排名数据表明，广西机电职业技术学院排名位居广西第一、全国排名第十八位。

2013 年，学院国家骨干高职院校项目建设顺利完成，成为广西首批高端应用型本科人才联合培养改革试点单位。2015 年学院被确定为广西高等教育综合改革试点单位。2016 年 9 月，学院成为金砖国家工商理事会中方技能发展工作小组成员单位的国内两所高校之一。

4.5.6.5 示范辐射，社会服务能力建设取得显著成绩

以学院校企合作理事会为平台，以 6 个重点专业及专业群建设为依托，积极整合校内外资源，充分发挥行业、专业和区位优势，以服务区域经济发展为目标，积极开展对外培训、技术服务和对口帮扶，不断加强与国际院校的交流与合作，发挥示范辐射带动作用。经过三年建设，学院社会服务能力得到显著提升，对区域经济发展的贡献度明显提高。

技术服务助推企业技术进步。学院以重点专业为龙头，以为企业提供技术攻关、技术改造、应用研发等为主线，发挥专业技术优势，开展产学研合作，加速技术成果的生产力转化，帮助企业进行新产品、新技术、新工艺开发，并取得显著成绩，实现了技术服务到款额 1 604.37 万元。建设期间，服务千亿元产业重大科技攻关工程项目取得突破，焊接技术及自动化专业戴建树教授主持的"基于激光视觉传感的焊缝跟踪跟踪系统开发与应用"、物流管理专业刘津平教授主持的"基于 RFID 技术构建物流园区信息平台的研发与应用"、电气自动化专业李翔副教授的"新型高精度粉尘浓度传感器项目" 3 项科技项目获广西壮族自治区科学技术厅千亿元产业重大科技攻关工程项目。戴建树教授主持研发的激光视觉传感焊缝跟踪系统科研技术成果已应用于广西建工集团等企业的生产，实现生产效率提高 50% 以上，生产耗材减少 30%，人工成本减少 50%，为企业创造了可观的经济效益。电气自动化专业韦瑞录副教授主持研发的"一种新型计量器箱"获国家专利，与南宁广开电气有限公司合作投产，实现了科技成果产业化，目前销售总额约 400 万元，为企业创造了较大的经济效益。

技术技能培训促进企业员工成长。依托学院技术中心、培训认证机构、校企合作理事会平台及技能大师工作室，广泛开展面向北部湾经济区乃至全区企业的职工技能培训与鉴定，面向区域内大中型企业开展成人学历教育和培训。国家示范骨干高职院校建设期间为广西华盛集团、上汽通用五菱、广西美的暖通空调设备销售有限公司、武警水电部队、广西华锡集团等企业开展技能培训鉴定工作，学院对外培训量逐年提高，建设期内新增职业技能鉴定机构 1 个、鉴定工种 16 个，职业技能鉴定工种数由原来的 93 个增至 109 个，开展各类对

外培训34 937人次。

对口帮扶带动区域职教改革。学院充分发挥辐射示范作用，对广西现代职业技术学院、广西电力职业技术学院、田东县中等职业技术学校等6所职业院校开展对口帮扶，建立了定期例会制度、学院与受援院校之间的高校领导和教师互访机制，在人才培养模式和课程体系改革、师资队伍建设、实训基地建设、技能竞赛指导等方面发挥示范辐射作用，先后实施免费帮扶活动40多次，共培养教师672人次、培训学生1 101人次，有效促进了帮扶院校办学水平的提升。

师资培训发挥示范引领作用。学院认真贯彻实施教育部、财政部"职业院校教师素质提高计划（2021—2025年）"，国家示范骨干高职院校建设期间，共承接自治区级中职师资培训任务3次、国家级高职师资培训任务1次、教育部新世纪教学研究所和德国巴登符腾堡州立教师继续教育学院主办的"德国职业教育教学法培训班"2期，累计培训中、高职学校骨干教师576人次，进一步提升了参培教师的职业教育能力和专业素质。

国际合作取得较好成效。学院充分发挥区位优势，与越南、印度尼西亚和泰国等东盟国家的30多所院校开展了国际交流与合作。学院先后与越南建设部第一越苏高等职业学校、越南海防百艺高等职业学校、岘港高等职业学校、Viglacera高等职业学校等6所越南学校开展专业建设、技术服务、技术培训以及合作办学，累计培训越方教师19人，技术人员42人，与越方合作院校共同举办年度文化活动和技能竞赛活动2次，双方参与师生达1 000多人。指导越南建设部第一越苏高等职业学校焊接实训基地建设、帮助其培训教师6名，受训教师在越南国家级焊接技能大赛中包揽了前三名；帮助玻璃陶瓷总公司培训车间主任、班组长等一线技术骨干23人；与越南建设部第一越苏高等职业学校共同承担越南国家级课题"汽车整形与装饰工艺研究"的研究。此外，学院还与美国福克斯谷技术学院、弗莱德海德社区学院，澳大利亚Wodonga TAFE学院，新加坡南洋理工学院等建立了教育培训合作关系，国际交流与合作不断深化。

4.5.6.6 前景展望，具有很高的应用推广价值

模式得到师生和社会的广泛认同，研究报告《高等职业教育校企合作共建"双师型"教师队伍的研究》被广西教育厅评为广西教育规划纲要配套政策研究优秀报告，成为各有关部门制定政策的借鉴参考。项目成果总结出一套高职院校开展校企合作、提高教师双师素质、科研水平、教学能力的有效途径和措施，先后在区内高职院校和行业企业推广并取得良好实践效果。本成果相应的编著、研究论文以及项目建设方案、总结等，对同类院校专业建设具有重要的指导作用。研究成果的推广，有效提升了教师队伍整体科研能力、工程实

践能力、教学能力和社会服务能力，在双师素质培养、专业建设、人才培养模式改革、社会服务能力建设以及校企深度合作等方面取得显著成效，有效促进了人才培养质量的提高，为高职院校师资队伍建设打开突破口，深化人才培养模式改革，推进专业建设和课程改革，具有广泛的应用推广价值。

根据自治区教育厅、人力资源和社会保障厅、财政厅、机构编制委员会办公室《关于印发〈广西壮族自治区职业院校"双师型"教师队伍建设工程实施方案（2015—2020年）〉的通知》（桂教师范〔2015〕9号）精神，本成果的改革思路与实践，完全符合自治区有关文件的精神，对高职院校进一步加强师资队伍建设，提升科研水平、实践能力、教学能力、社会服务能力，促进专业建设和校企合作，提高人才培养质量，增强综合办学实力均具有很好的指导意义和推广价值。

校企合作和师资队伍建设是一个复杂的系统工程，不是一蹴而就的，它需要长期精心的培育过程。广西机电职业技术学院校企合作共建"双师型"教师队伍的探索与实践，是高等职业教育教学改革过程中取得的阶段性成果，七年来的探索实践表明，在校企合作长效机制的背景下，教师队伍的整体素质明显提升，建成一支结构合理的"双师型"专兼职教师队伍，为当前学院推进高等职业教育综合改革和试行现代学徒制打下坚实的基础。下一步，学院还需要结合国家关于高等职业教育综合改革的政策方向和形势，认真分析影响教师队伍建设发展的因素，特别是结合目前国家推行现代学徒制试点的改革，进一步深化校企合作的模式改革，建立利于"学生成才、学校发展、企业受益"的"三方共赢"的教师队伍建设管理体制，营造教师健康成长和可持续发展的良好环境，更好地发挥教师队伍在推动学科专业建设、人才培养、科技创新和技术服务等方面的作用。

4.6 焊接自动化专业群"双闭环动态优化"产教协同人才培养

2015年，党的十八届五中全会通过的《中共中央关于制定国民经济和社会发展第十三个五年规划的建议》明确提出，加快建设制造强国，实施《中国制造2025》。广西提出了制造强省战略，紧紧围绕《中国制造2025》的战略部署，积极推动先进制造产业向数字化、网络化、智能化、制造业服务化方向转变，这对技术技能人才提出了更高要求，打造服务广西先进制造产业升级发展的高水平专业群，培养复合型高技能人才，实现人才培养供给侧和产业需求侧结构要素全方位融合，已成当务之急。广西机电职业技术学院以此为背景和切入点，开展了创建专业建设及人才培养的动态调整机制、打造一体化产教融合平台、构建产教协同人才培养新模式，实现产教协同培养复合型高素质技术技能人才的创新与实践。

4.6.1 瞄准先进焊接技术，组建"服务产业，共生发展"的焊接自动化专业群

学院立足广西先进装备制造产业布局，面向广西工业转型升级，瞄准装备制造业数字化、网络化、智能化、绿色化等高端产业，聚焦焊接复合型高素质技术技能人才需求，对接自动化、智能化和柔性化等先进焊接制造过程中机器人焊接工艺与优化、机器人系统集成与维护、生产线管理与维护、数据采集与处理的关键技术链，紧扣工装设计、焊接工艺、设备管理、系统维护、数据管理等岗位，打造以焊接技术与自动化专业为龙头的高水平专业群，实现技术技能人才培养供给侧和先进制造产业需求侧结构要素的全方位融合，服务《中国制造2025》，为复合型高素质技术技能人才培养提供创新路径。图4-5为焊接自动化专业群组建思路。

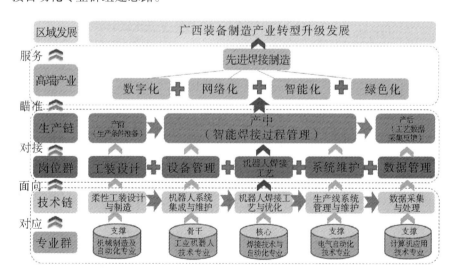

图4-5 焊接自动化专业群组建思路

成果形成了全国机械行业高技能人才培养特色专业2个、装备制造类国家示范专业点2个、教育部现代学徒制试点1个、广西职业教育专业及专业群发

展研究基地 1 个。

4.6.2 瞄准产教协同育人，打造"技术导向，四方协同"的产教深度融合平台

学院充分发挥机械行指委和职教集团的纽带作用，搭建了以新技术应用为导向，高职院校、行业协会、科研院所、龙头企业等四方协同的一体化产教融合平台——智能焊接技术中心。该平台对外是技术服务实体，按市场化运营，具备自我造血功能，满足技术链上游企业（如广西机械工业研究院、江苏汇博机器人）的市场拓展需求和下游企业（如柳工集团、上汽通用五菱）的技术服务需求，对内是校内生产性实训基地，承担真实生产情景的实训教学。同时，发挥行业协会的串联作用，将平台汇聚的上游企业资源转化为专业群的人才培养资源，从而集成了生产技术供给方与人力资源供给方的力量，共同对接就业目标企业的岗位需求。平台的聚集效应可以持续吸引更多的技术互补型上游企业加入，既为专业群带来更为全面的教学资源，使得平台的服务能力不断增强，又能获得更多的下游客户企业，拓宽了专业群就业渠道。图 4-6 为"技术导向，四方协同"产教融合平台示意图。

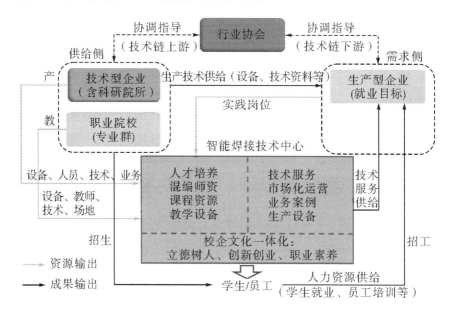

图 4-6　"技术导向，四方协同"产教融合平台示意图

基于产教融合平台的系列运行机制如下所述：

（1）产教一体化管理机制。学校与协会、院所、企业共组理事会，统一管理平台和专业群的建设发展，统筹校企的资源共建共享、利益分配和风险分担。

（2）校企人员混编机制。专业教师和企业人员组成一个团队，接受企业化管理，共同承担平台业务和专业教学任务。

（3）平台设备共享机制。平台的运营设备共享于实践教学，专业的部分高水平教学设备也共享于平台的业务。

（4）技术服务反哺教学机制。平台在服务中积累的技术标准、业务案例等，及时通过自编教材、教学项目等转化成教学资源，进入教学内容。

学院建设了广西示范性高职实训基地 2 个、广西职业教育示范特色专业及实训基地 1 个、中国焊接协会机器人焊接（南宁）培训基地 1 个、广西先进焊接和切割技术应用研究与推广中心 1 个。

4.6.3 瞄准专业随动产业，创建"双闭环动态优化"的产教协同育人运行机制

以融合 PDCA 循环、目标管理和自动化闭环控制理论为运行模式，根据专业随动岗位要求变化、专业群随动产业链发展的调整过程，构建由目标、标准、运行、调研、分析、评价、优化等环节组成的"专业群调整闭环"；根据人才培养随着产业需求变化规律，构建"标准、实施、监测、分析、评价、优化"等环节组成的"人才培养优化闭环"，依托产教融合平台实现"双闭环"有效运行，形成了"双闭环动态优化"的产教协同育人理论（图 4-7）。

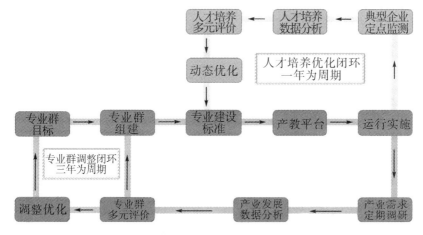

图 4-7　"双闭环动态优化"的产教协同育人理论

学院围绕该系统构建了两大运行机制，通过专业群建设委员会实施以下措施：

第一，牵头成立广西工业职业教育集团，构建"定点监测、定期调研、多方会商"的人才需求预测机制，对广西50多家企业开展定点监测和区域定期调研，组织专家会商诊断，适时传感、分析区域性的岗位需求与技术发展变化，定期发布产业发展动态和人才需求报告。

第二，校行企共建校企合作理事会，构建"行业预警、三方联动、双向调整"的人才供需结构调整机制：根据人才需求预测报告，行业对院校专业设置、人才培养与企业产品、岗位结构进行预测和指导；企业动态调整产品、技术和岗位结构，优化发展战略；学校动态调整专业结构、优化培养方案、更新教学内容。三方联动，实施专业群动态调整，实现专业设置对接产业需求，人才供需结构适应产业发展。

第三，校行企共建专业群建设委员会，执行调整计划，动态更新专业群专业设置、课程体系和教师团队，以适应人才规格培养的需求；通过毕业生调研、企业走访及第三方评价，以就业为导向评估专业群动态调整效果；通过毕业生调研凝练出专业人才的核心能力，反馈进入产业发展数据库，成为人才需求预测和人才培养规格设置的要素，从而形成"闭环优化"的专业群随动产业链发展的常态机制。

成果形成了8维度、21要素、4层级的专业发展标准，5维度、20要素、4层级的教师发展标准，4维度、13要素、3层级的学生发展标准。

4.6.4 瞄准双师能力培养目标，建立"技术引领、服务驱动"的校企合作长效机制

通过成立职教集团、组建校企合作理事会、搭建产教融合平台，形成了学校与行业、系部与企业、专业教师与企业工程师"三层双元相向"校企合作模式，以技术为牵引、服务为驱动，实施基地共建、人才共育、过程共管、责任共担、成果共享的校企合作运行机制。

建立校、系、专业三级校企合作运行管理机制。校企合作理事会按照政府、行业统筹，学校主导，企业参与的模式组建，是学校校企合作的最高决策机构。校企合作理事会下设校企合作办公室，负责执行校企合作理事会的决议和决策，以及学院有关校企合作工作在全校层面的实施；系部设置校企合作理事分会，负责校企合作工作在系部的实施；专业设置校企合作工作组，负责校企合作教育教学具体工作在各专业的具体实施。校行企共同制定校企合作管理

制度，形成《校企合作管理制度汇编》，明确三方主体职责，规范协同育人行为。图4-8为"三层次双元相向"校企合作模式示意图。

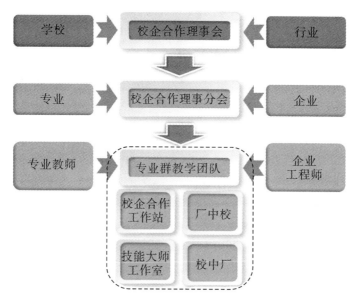

图4-8   "三层次双元相向"校企合作模式示意图

依托学校"三层双元相向"校企合作模式，校行企共建依托产教平台的教师培养体系，建立和实施5维度、20要素、4层级的教师发展标准，以服务产业为目标，以平台育师资、以师资强平台，以机器人焊接工艺优化、大型船舶焊接工艺设计等项目为载体，主动服务行业企业技术进步，形成专业群"技术引领、服务驱动"的校企合作长效运行机制，实现"校行企自然合作、工学研自然结合"。

实施"产教融合、校企互通"教师发展工程，推行校企人员双向流动机制，专兼结合多专业混编组建，打造国家级创新教学团队。按"双师"认定标准，实施教师分类实践轮训、分类分层精准培养和校外研修计划，全面推进专任教师通过实施"讲好一门课程、主持一项教改或科研课题、指导或参与一项技能竞赛、打造一项成果、对接一个企业、联系一位企业兼职教师（名匠）"的"六个一"计划，着力提升理论教学、实践教学、科学研究、专业建设、信息技术应用、社会服务"六种能力"，引导教师向双师型发展，如图4-9所示。

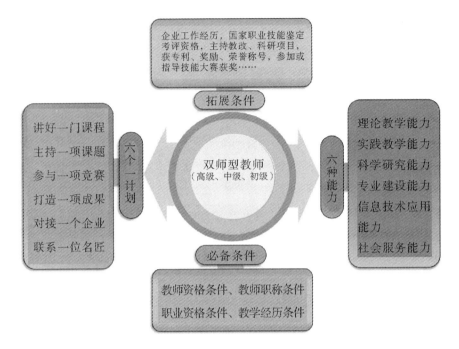

图 4-9 "双师型"教师发展模型

学院已取得了以下成绩：

①形成了学术专著《校企合作运行机制：路径设计与实施》1 部、制度汇编《校企合作管理制度汇编》1 册（19 份）；形成了《双师型教师队伍建设管理制度汇编》1 册（28 份）。

②获得"广西优秀教学团队"称号 2 个、"广西科技创新团队"称号 1 个、广西教学名师 3 名、学校教学名师 5 名。

③获"广西突出贡献高级技师奖"1 人、获"广西技能大奖"3 人、广西"五一劳动奖章"3 人、"广西技术能手"7 人，广西"高校优秀人才资助计划"入选 4 人。

4.6.5 瞄准人才培养要求，构建"五对接、五融合"的产教协同人才培养模式

以装备制造产业转型发展需求为导向，以培养焊接自动化复合型人才培养为目标，校行企协同制定并实施人才培养方案、学生发展标准，将立德树人和工匠精神培育贯穿职业能力培养全过程。通过岗位标准对接专业标准、生产过程对接教学过程、工作任务对接教学项目、生产现场对接实训基地、技术团队

对接教学团队的"五对接"，实施教学内容融合工作任务、课堂融合车间、知识融合技能、教师融合师傅、校园文化融合企业文化的"五融合"，实现人才培养供给侧和产业发展需求侧的结构要素高度契合，如图4-10所示。

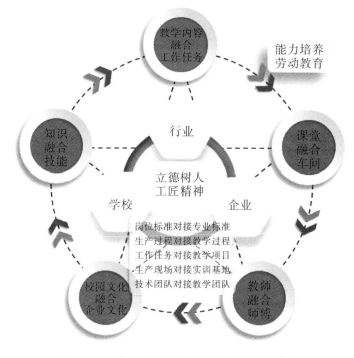

图4-10　"五对接""五融合"人才培养模式

按照专业集群发展的思路，焊接自动化专业群的人才培养形成"跨专业、多方向、分类型"的特色，达到"个性培养、分类教学、多样成才"的目的，即专业群5个专业先以基础课程平台进行基础培养，然后进入核心能力模块分焊接技术与自动化、电气自动化、机械制造与自动化、工业机器人和计算机应用5个方向进行培养，最后进入方向拓展模块，在充分考虑学生智力水平、学习兴趣的基础上，依据学生个体的学习目标，进行有指导的分类分班，将学习能力强、培养定位偏技术型的学生按照工业机器人系统集成、工业控制网络技术、产品智能制造、产品数字化设计4个方向组建班级，每个方向班级混合专业群5个专业的学生，实现跨专业建班；将动手能力强、培养定位偏技能型的学生按传统的焊接技术与自动化、电气自动化、机械制造与自动化、工业机器人和计算机应用等5个方向进行培养，如图4-11所示。探索"跨专业多方向分类型"的专业群多样化人才培养方式，实施现代学徒制试点、AHK双元制试点、欧姆龙订单班、"2+2"本科试点、"1+X"证书制度试点等多种模式培养人才，实现多专业集群发展，面向产业链建立高端复合型技术技能人才供给优势。

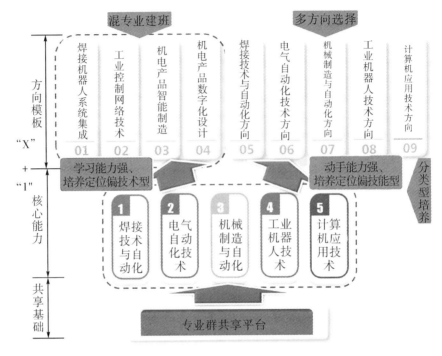

图4-11 "跨专业多方向分类型"复合型多样化培养方式

形成了国家级精品课程2门、国家规划教材12本、职业培训标准10个、核心课程标准5份；出版《移动学习平台的研发与应用研究》1部；学生参加技能竞赛，获国际级大奖33项、国家级大奖21项、省级大奖33项。

4.6.6 焊接自动化专业群"双闭环动态优化"产教协同人才培养创新

4.6.6.1 理论创新：创建了专业群随产业链发展、人才培养随产业需求调整的"双闭环动态优化"产教协同育人理论

以融合PDCA循环、目标管理和自动化闭环控制理论为运行模式，根据专业随岗位要求变化、专业群随产业链发展的调整过程，构建由专业群目标、标准、运行、调研、分析、评价、优化等环节组成的"专业群调整闭环"；根据人才培养随产业需求的变化，构建由监测、分析、评价、优化等环节组成的"人才培养优化闭环"，形成了"双闭环动态优化"的产教协同育人的理论。

4.6.6.2 路径创新：形成了"技术引领、服务驱动"的校企合作服务产业新路径

校行企共建依托产教平台的教师培养体系，以焊接自动化技术发展为导向，实施以提升技术服务能力为重点的双师队伍建设措施，专业对接产业，以机器人焊接工艺优化、大型船舶焊接工艺设计等高端技术服务项目为载体，主动服务企业，推动技术进步，以平台育师资、以师资强平台，形成"校行企主动合作、产教研协同发展"的命运共同体，构建专业服务产业的新路径。

4.6.6.3 模式创新：构建了"五对接、五融合"产教协同人才培养新模式

以培养焊接自动化复合型高素质人才为目标，校行企协同制定并实施人才培养方案，将立德树人和工匠精神培育贯穿职业能力培养全过程，通过岗位标准对接专业标准、生产过程对接教学过程、工作任务对接教学项目、生产现场对接实训基地、技术团队对接教学团队的"五对接"；实施教学内容融合工作任务、课堂融合车间、知识融合技能、教师融合师傅、校园文化融合企业文化的"五融合"，实现人才培养供给侧和产业发展需求侧结构要素的高度契合。

第5章 产教融合协同育人的成效
——以广西机电职业技术学院为例

5.1 校企合作机制建设成效概述

创新办学体制机制是骨干院校深化内涵建设的重要内容。在学院长期以来形成的校企合作基础上，三年来，学院依托校企合作理事会，探索政府、行业、企业、学校（以下简称"政行校企"）紧密合作、四方良性互动的有效机制，校企共建利益共同体，形成了"校、系、专业"三级校企合作管理机制，办学体制机制创新及校企合作制度建设取得了显著成效。

5.1.1 依托政府统筹协调，营造利于骨干建设的办学环境

广西壮族自治区人民政府、教育厅、财政厅、工业和信息化委员会积极发挥统筹协调作用，为职业教育提供强有力的公共服务，加强对职业教育发展规划、资源配置、条件保障、政策措施的统筹管理，推动政府主导、行业指导、企业参与的办学机制健全与完善，在政府的统筹协调下，职业教育办学环境得到优化，初步形成了政行校企合作四方良性互动合作办学的良好局面。

5.1.1.1 先行先试，学院成为校企合作发展理事会制度试点单位

2011年9月25日，自治区教育厅牵头正式启动了试点项目，制定了理事会制度详细的要求和具体事项的推进方案，广西机电职业技术学院等15所高职院校与广西柳工机械股份有限公司等15家单位签订了合作框架协议，成为首批试点单位。学院在自治区教育厅、广西工业和信息化委员会的指导下率先成立了广西机电职业技术学院校企合作理事会，进行校企合作体制机制创新和校企合作发展理事会制度的改革试点工作。此举得到了政策上的大力支持，学院校企合作发展环境得到优化。

5.1.1.2 重点扶持，地方政府为骨干校建设出台多项政策支持

广西高度重视发展职业教育，在加大各级财政对职业教育投入的同时，着力加强职业教育的制度建设。广西壮族自治区人民政府出台了《广西壮族自治区大力发展职业教育的若干规定》（桂政发〔2010〕15 号）、《关于印发广西壮族自治区新时期深化职业教育攻坚五年计划的通知》（桂政发〔2012〕9 号）等一系列政策法规文件，这一系列政策的出台，为广西高等职业教育发展提供了强有力的保障和良好的发展环境。自治区财政厅则从资金上加大对学院的投入，在国家示范骨干职业院校建设期间，总共投入资金 5 000 多万元，形成了学院建设纳入广西经济社会发展规划、政策和经费有落实、企业兼职教师可评职称等一系列政府保障机制。地方政府出台多项政策支持，情况如表 5-1 所示。

表 5-1　地方政府出台多项政策支持情况

序号	支持承诺	时间	支持单位	支持方式
1	《广西壮族自治区人民政府关于印发广西壮族自治区新时期深化职业教育攻坚五年计划的通知》（桂政发〔2012〕9 号）、《广西壮族自治区大力发展职业教育的若干规定》（桂政发〔2010〕15 号）、《广西壮族自治区人民政府关于印发广西教育发展重点工程和体制改革试点总体方案的通知》（桂政发〔2010〕43 号）、《关于全面提高教育质量振兴广西高等教育的若干意见》（桂政发〔2013〕6 号）	2010—2013 年	自治区人民政府	政策支持
2	《广西壮族自治区职业教育条例》	2011 年	自治区人大常委会	政策支持
3	《关于下达 2011 年自治区高校特色专业及课程一体化建设专项经费的通知》（桂财教〔2011〕144 号）规定，特色专业建设财政拨款可用于实习实践环境建设、学生科学实验和创新实验项目等	2011 年	自治区财政厅	经费支持
4	广西壮族自治区教育厅下发《关于公布 2013 年度广西高等教育教学改革工程项目的通知》（桂教高教〔2013〕28 号），支持成立了广西机电职业技术学院校企合作发展理事会，将该院列为开展校企合作发展理事会制度试点单位，优化该院校企合作发展环境，并在自治区高校特色专业认定等方面对该院倾斜	2013 年	自治区教育厅	政策支持

表5-1(续)

序号	支持承诺	时间	支持单位	支持方式
5	印发《关于做好全国职业院校学生实习责任保险统保示范项目实施工作的通知》(桂教职成〔2012〕63号),推行了全国职业院校学生实习责任保险统保示范项目	2012年	自治区教育厅	政策支持
6	出台《广西高校优秀青年骨干教师国内访问学者计划实施办法（试行）》(桂教人〔2013〕10号)、《广西高校青年教师教学业务能力提升计划实施办法（试行）》(桂教人〔2013〕11号)、《广西高等学校优秀中青年骨干教师培养工程实施办法（试行）》(桂教人〔2013〕9号)、《关于落实我区普通高校就业指导专职教师专业技术职务评聘工作的通知》(桂教学生〔2012〕13号)等管理制度,将高职院校教师的培养培训纳入了总体计划	2013年	自治区教育厅	政策支持
7	自2010年以来,自治区将高职单独招生试点改革院校数量从2所增加到15所,逐步完善了高等教育多样化的选拔录取机制,深化招生录取制度改革,突出高职教育特色,完善高等教育多元化选拔机制	2010—2013年	自治区招生考试院	政策支持
8	印发《关于协助做好2011年我区部分高等职业院校开展单独招生改革试点工作的通知》(桂考院〔2011〕89号),支持学院自2011年起开展高职单独招生考试制度改革试点,并要求各市、县招生办协助学院做好单独招生改革试点工作	2011年	自治区招生办	政策支持

5.1.1.3　高度重视,举办方统筹协调多方支持学院骨干院校建设

学院举办方广西工业和信息化委员会高度重视学院的骨干项目建设,督促和指导学院按照国家骨干职业院校建设的工作要求开展工作,并及时协调解决了项目建设过程中的实际问题。协调自治区教育厅、自治区财政厅和自治区地方税务局等政府部门对学院骨干院校项目建设的支持;协调与北海市人民政府共同举办工信委直属院校与北海出口加工区签订人才合作协议;与防城港港口区签订校企战略合作框架协议,为学院与防城港港口区企业实施"订单"培训、共建实习基地、共建企业员工培训基地等架设桥梁。支持学院建立校企合作理事会以及校企合作长效运行机制建设工作,先后协调广西机械工程学会焊接

分会、南宁鼎光电子责任有限公司、广西春茂电气自动化工程有限公司和南宁科创进口汽车维修有限公司等行业企业共投入资金 2 084.34 万元，校企共建合作利益共同体 14 个。支持广西工业职业教育集团运行与管理，促进学院和行业企业及有关科研机构加强合作，优化资源配置，增强办学实力，提升办学水平。

5.1.2 成立校企合作理事会，构建完备的校企合作组织

5.1.2.1 "政行校企、四位一体"，成立学院校企合作理事会

2011 年，在广西壮族自治区工业和信息化委员会的支持和广西机械工程学会和行业协会的指导下，区域内企业积极参与，按照双向互动、互惠互助、优势互补、共同发展、合作共赢的原则，学院成立了广西机电职业技术学院校企合作理事会，形成由政府、行业、企业和学院校企合作的组织模式，推动了校企共育人才的全程深度合作。其主要职责有：决定学院校企合作的发展方向和重点工作任务；决定理事会各机构的设立和工作安排；组织协调校企协同办学，多形式筹措办学经费；建立健全有利于校企深度合作的体制机制，促进学院与政府、行业协会、企业紧密合作；负责监督执行情况，协调学院各系部与企业开展合作、使各专业的校企合作项目与整体性规划有机衔接。各重点建设专业成立相应的校企合作理事分会，对口衔接，抓落实，开展督查考核。校企合作工作组、校企合作工作站、专业校企合作理事分会等机构，负责校企合作的日常工作。

5.1.2.2 "专业企业、有效对接"，成立专业（群）校企合作理事分会

焊接技术与自动化、应用电子技术、电气自动化技术、汽车检测与维修技术、数控技术、物流管理 6 个重点建设专业建立了专业（群）校企合作理事分会，负责协调、指导校企之间专业建设中专业人才需求和岗位能力调研、行业企业技术标准的运用、共同制定人才培养方案以及课程共建、教师培训及兼职教师聘任、实习实训基地共建、学生实习实训与就业、先进技术研发应用与推广、员工培训等工作。理事分会由相关行业企业人员、教学系部领导、专业负责人、部分骨干教师等组成。理事分会设理事长 1 人、副理事长 3~5 人、理事若干人。理事会下设秘书处，负责理事会日常工作，由专业带头人（负责人）兼任秘书长。

5.1.2.3 "校友联络、区域互动"，成立校企合作工作站

在广西产业集群优势区域柳州、桂林、玉林、北海四地成立校企合作工作站，作为学院校企合作办公室直接联系点，负责协调当地企业与学院之间的合作，为学院开展技术服务、校外实训基地建设、顶岗实习、招生、就业等方面的校企合作提供机会。发挥校友资源优势，把校企合作工作站建设成为集企业用工与学生就业（实习）、校企技术研发与服务、企业技术培训与校外实训基

地"三位一体"的校企合作区域工作机构。

5.1.2.4 "高手汇集、大师领衔"，成立技能大师工作室

以"核心岗位能力、核心职业技能"为导向，由国家技术能手、广西技术能手领衔，携手企业能工巧匠和学院专业骨干教师，组建成立技能大师工作室。学院先后共建立了焊工、维修电工、钳工、车工4个技能大师工作室，汇集了6名国家技术能手和15名广西技术能手。技能大师言传身教，开展技术攻关，进行职业指导，传授绝技绝活，宣传企业文化，培养能工巧匠，极大地促进了学院人才培养质量的提高。

5.1.3 加强校企合作制度建设，建立院系专业三级管理体制

5.1.3.1 建章立制，实现校企合作工作管理制度化

学院成立了校企合作理事会、系部校企合作工作组、专业理事分会三级管理机构。制定了一系列体现学院"校企合作、工学结合"教学宗旨的管理制度，形成了《广西机电职业技术学院校企合作管理制度汇编》，并将各项管理制度落实到具体工作中，实现了校企合作工作管理体制的制度化、规范化、人性化，有效地鼓励教师积极投入和改革创新，促进了校企合作工作的实效性和长效性。广机机电职业技术校企合作管理制度汇编具体见表5-2。

表5-2 广西机电职业技术学院校企合作管理制度汇编

校企合作规章制度	人事管理制度
1.《校企合作理事会章程》 2.《校企合作管理暂行办法》 3.《校企合作奖励暂行办法》 4.《校企合作工作考核暂行办法》 5.《引企入校管理暂行办法》 6.《校企合作培养技术技能型人才暂行办法》 7.《校企合作开发教材管理暂行办法》 8.《校企合作（区域）工作站管理暂行办法》 9.《校内生产性实训基地管理暂行办法》 10.《校外实习基地管理暂行办法》 11.《订单班学生管理暂行办法》 12.《毕业生跟踪调查管理暂行办法》 13.《专业校企合作理事分会工作章程》	1.《绩效工资实施方案》 2.《绩效考核暂行办法》 3.《企业兼职教师聘任与管理暂行规定》 4.《学院十二五师资队伍建设规划》 5.《专业带头人、骨干教师遴选及管理办法》 6.《国家定向培养少数民族高层次骨干人才攻读博士学位研究生计划》 7.《教师到行业、企业实践锻炼管理暂行规定》 8.《双师素质教师认定与管理暂行办法》 9.《人才引进管理暂行办法》
	（学院内部）二级管理制度
	1.《教学系部内部管理、考核与绩效津贴分配指导意见》 2.《教学工作考核办法》 3.《科研工作考核办法》 4.《教学建设与社会工作考核办法》 5.《育人工作考核办法》 6.《学生辅导员工作考核办法》

5.1.3.2 绩效考核，实现了校企合作质量保证体系化

为保证校企合作工作的顺利开展，制定了《广西机电职业技术学院校企

合作工作考核暂行办法》等有关校企合作绩效考核制度，对部门、专业、个人校企合作的职责、目标、任务、进度等的系统考核要求进行了具体规定。校企合作理事会秘书处不定期地对系部、专业的校企合作工作进行抽查，抽查情况与年终考核挂钩，突出绩效优先的原则。校企合作理事会秘书处主管领导按照规章制度对系部、专业的校企合作项目运作流程进行定期检查，随时进行督促。细化校企合作工作质量保证监控，校、系、专业实行层层管理，责任到人，奖惩分明，逐步构建了制定建设规划目标、组织实施、监督评估全过程、全方位的校企合作工作质量保证体系。

5.1.4 校企共建利益共同体，深化校企合作长效机制

5.1.4.1 联姻合作企业，建立"校中厂"和"厂中校"

学院通过引企入校，共建校企合作利益共同体，建立了南宁市科创进口汽车维修有限责任公司机电职院快修分厂、南宁广发重工集团有限公司压力容器分公司机电职院分厂、鼎光机电职院电子教学工厂、春茂电气机电职院自动化设备生产车间、桂华机电职院快递中心 5 家"校中厂"；在南宁广发重工集团有限公司、广西桂华物流有限公司、广西昊晟国际物流有限公司、南宁鼎光电子有限公司、南宁多丽电器有限公司设立教学点 5 家"厂中校"。通过优势资源互补，企业获得了人才、经济、政策、社会等多元利益，学校获得设备、资金、培训、就业等多方实惠，倍增双方利益，实现互惠共赢。

共建校企合作利益共同体，有效促进了校企深度融合，并体现在育人的各个环节，实现了生产车间与教室合一、学生与学徒合一、教师与师傅合一、教学内容与工作任务合一、教学实践与生产科研合一、作业与产品合一、实训基地管理与企业管理合一、考核标准与职业标准合一；实现了学生双身份、教学双场所、课程双教师、实践双指导和校企利益的双丰收。人才培养质量得到进一步提升，学生就业满意度和专业对口率、用人单位对毕业生的满意度均大幅提升。

5.1.4.2 联合行业企业，建立企业区域技术服务中心

通过联合行业企业，在学院建立了中国焊接协会机器人焊接（南宁）培训基地、广西焊接与切割高新技术应用研发推广中心、西门子（中国）有限公司数控技术应用培训基地、FANUC 数控系统应用中心、美的中央空调技术服务实操培训中心等多家企业区域技术服务中心，有针对性地将国内外公司先进技术和项目引入学院，充分利用学院的师资优势和合作企业的技术优势开展针对区域相关企业和职业学校开展职业技能的培训与鉴定、技术推广、技术转型升级、工艺试验等，满足企业对相关技术和人才紧缺的迫切需求，推动行业

先进技术在广西区域的发展。

5.1.4.3 联合中国电信，启动广西首个"智慧校园"项目

2013年1月，学院与中国电信南宁分公司达成信息化战略合作，电信公司投入600多万元，启动了广西机电职业技术学院"智慧校园"项目，成为广西首个"智慧校园"项目，也是"智慧南宁"建设项目的重要组成部分之一，成为实现校企双方共建共享共赢的典范。通过"智慧校园"建设，将建立统一身份认证的综合信息个性化服务门户平台，新增和完善学生综合管理系统、科研管理系统、人事综合管理系统、校情综合分析系统等子系统；集成图书馆管理系统、水控系统、电控系统、教务管理系统、设备管理系统、协同办公系统、网络学习平台、共享教学资源库等旧的应用系统，进一步优化校园网基础设施，增强网络安全建设，实现万兆骨干百兆桌面及全院范围内无线覆盖，提升学院的信息化水平和精细化管理水平，提供便捷实用的网络化教育平台，有效促进职业教育终身学习体系的构建。

5.1.5 校企深度融合，形成互惠共赢新局面

依托校企合作理事会和校企利益共同体，校企关系越来越紧密。骨干建设期间，各专业依托专业理事单位，为专业建设课程改革献计献策，共建教学资源库，接收教师挂职锻炼、学生顶岗实习，校企合作越来越紧密，校企合作机制日趋完善，校企合作成果卓有成效。

在合作育人方面，7家企业在学院建立奖学金，签订合作协议的企业数由2010年的270家增加到403家，合作企业优先获得了毕业生的挑选权；在合作企业就业的学生数达2 286人，从行业企业聘请的兼职专业教师大幅增加；建立了10人以上校外顶岗实习基地156个，合作企业接收实习实训学生13 944人。

在合作发展方面，通过学院与行业企业的长期紧密合作，联合攻关解决技术难题，共建利益共同体，共同培养技术技能人才，实现互惠共赢。焊接技术及自动化专业先后与中国焊接协会合作，设立了"中国焊接协会机器人焊接（南宁）培训基地"，通过共同开展机器人焊接"操作员"和"操作技师"的培训与鉴定，为企业开展焊接自动化技术工艺试验等技术服务，解决企业对焊接自动化技术和人才的迫切需求，推动行业焊接自动化技术的发展；与广西焊接学会合作成立了"广西焊接与切割高新技术应用研发推广中心"，并以此为平台，深化校企合作，通过充分发挥专业教学团队在区域的技术优势，专业与企业合作开展技术攻关、横向科研项目和技术推广应用等，促进企业技术进步和发展，使企业受益；打破了传统的组织管理模式和学科专业界限，整合科研

优势资源，组建跨专业、跨校企的创新团队，开展横向科研项目与推广应用、技术帮扶等，促进企业技术进步和发展；承担广西千亿产业重大科技攻关项目"基于激光视觉传感的焊缝跟踪系统开发与应用"，在东盟国家推广"S287 水轮机专用不锈钢药芯焊丝 E317L-T1"应用等都产生了良好的社会经济效益，建设期间，专业与合作企业开展自治区科研项目 10 项，为企业开展技术攻关、技术研发项目服务共 4 项，开展新技术、新工艺试验与推广应用 11 项，为企业解决技术难题和技术攻关共 13 项，为企业培训焊接技术员工 643 人，创造经济效益 500 多万元。电气自动化专业瞄准中小企业，利用教师多年研究的科研成果，开展技术服务与项目开发，提高专业团队的技术服务能力和科技成果转化能力，积极促进科研成果推广。以技术改造服务、产品研发为主要功能定位，面向中小企业生产运营的薄弱环节，在企业中开展了"基于激光视觉传感的焊缝跟踪系统开发与应用"等 8 个项目的技术服务和应用，推动合作企业的技术进步，为企业创造了显著的经济效益。2012 年，物流管理专业教师协助合作企业——广西桂华物流有限公司成功申报"甩挂运输"项目，该项目被广西交通厅选为广西首批两家"甩挂运输方式"试点单位之一，并获政府 150 万元资金支持。

在合作就业方面，我院毕业生持续受到广西大型知名企业的青睐。三年来，广西玉柴机器集团、广西南南铝加工有限公司、上汽通用五菱股份有限公司等广西主导产业企业录用学院毕业生人数达到 2 000 多人，极大地促进了本区域主导产业的发展。

5.2 校企合作体制机制建设和相关指标完成情况

5.2.1 校企合作建设相关指标完成情况

5.2.1.1 校企合作工作主要完成指标

校企合作工作主要完成指标如表 5-3 所示。

表 5-3 校企合作工作主要完成指标

序号	建设内容	原有基础	建设目标	完成情况	完成率
1	签订合作协议的企业数	370 家	398 家	403 家	101.25%

表5-3(续)

序号	建设内容	原有基础	建设目标	完成情况	完成率
2	合作企业接收的顶岗实习学生	7 500 人/月	11 000 人/月	13 638 人/月	123.98%
3	合作企业对学校投入的设备总值	50 万元	160 万元	2 033 万元	12.7 倍
4	毕业生初次就业率	90.8%	95%	98%	103.16%
5	毕业生初次就业平均月薪	1 500 元	1 750 元	1 780 元	101.17%
6	学校培训企业员工数	2 168 人日	6 000 人日	23 911 人日	3.98 倍
7	校外顶岗实习（10 人以上）基地数	80 个	136 个	137 个	100.74%
8	从行业企业聘请的兼职专业教师数/授课课时数	190 人/31 011 课时	700/87 506 课时	702/87 701 课时	100.14%

5.2.1.2　技术与社会服务主要指标

技术与社会服务主要指标如表5-4所示。

表 5-4　技术与社会服务主要指标

序号	建设内容	原有基础	建设目标	完成情况	完成率
1	学校对外技术服务到款额	180 万元	250 万元	841.65 万元	3.37 倍
2	对外培训数量	3 000 人次	30 000 人次	35 483 人次	118.28%
3	专利数/个	—	—	10	新增
4	校企合作工作站	—	4 个	4 个	100%
5	技能大师工作室	—	—	4 个	新增

5.2.2　学院校企合作理事会建设

学院校企合作理事会建设主要体现在制定广西机电职业技术学院校企合作理事会章程、重点建设专业校企合作理事分会（名单略）、建设系部校企合作工作领导小组（名单略）、建设重点专业校企教学团队（名单略）等方面。广西机电职业技术学院校企合作理事会章程如下所示：

附5-1 广西机电职业技术学院校企合作理事会章程

为贯彻落实《教育部 财政部关于进一步推进"国家示范性高等职业院校建设计划"实施工作的通知》（教高〔2010〕8号）、《教育部关于推进高等职业教育改革创新引领职业教育科学发展的若干意见》（教职成〔2011〕12号）和《国家中长期教育改革和发展规划纲要（2010—2020年）》精神，创新高等职业教育办学体制机制，深化教育教学改革，提高人才培养质量和办学水平，充分发挥职业教育为广西经济和社会发展服务的作用，形成人才共育、过程共管、成果共享、责任共担的紧密型合作办学体制机制，经发起单位广西机电职业技术学院与有关行业企业磋商决定组建广西机电职业技术学院校企合作理事会，为更好地发挥理事会的作用，特制定本章程。

第一章 总则

第一条 名称：广西机电职业技术学院校企合作理事会（以下简称理事会）。

第二条 住所：南宁市大学东路101号广西机电职业技术学院。

第三条 理事会的性质：本理事会是广西机电职业技术学院与区域行业企业联系的桥梁与纽带；致力构建以机电类专业为主，工、建、管等专业协调发展的高端技能型专门人才培养的非营利性组织，不具有法人资格。在自治区教育厅、工业和信息化委员会的指导和监督下开展工作，以诚信为本，以契约为保证，以合作项目为依托，以实践教学、职业培训、技术应用与推广为主要内容。

第四条 理事会的宗旨：以优势互补、资源共享、互惠互利、共同发展为原则，促进学院与行业企业的深层次合作；充分发挥广西机电职业技术学院的办学优势和理事单位的工程技术优势，共同打造高端技能型专门人才，增强学院对区域经济发展的服务能力。

第二章 组织机构

第五条 凡自愿遵守理事会章程，恪守理事会宗旨，具有独立法人资格的与广西机电职业技术学院设置的专业关联度较高的行业企业，可以成为理事会成员单位。

第六条 理事会由理事长单位和理事单位组成，在理事单位中选择若干个单位为副理事长单位；设理事长1人、副理事长9~13人、秘书长1人、副秘书长1人，其他理事单位各分别指定1人。广西机电职业技术学院为理事长单位。理事会根据需要将聘请社会各界德高望重、具有影响力的人士为名誉理事长或高级顾问。

第七条　理事会实行理事大会制度，理事大会的主要职责：

1. 修改理事会的章程，制定理事会内部的管理制度。

2. 选举与任免理事会领导机构成员。

3. 审议理事会工作报告。

4. 审议通过由理事单位提出并经秘书处审核同意后向大会提出的议案。

5. 审议和决定理事会的其他重大事项。

第八条　理事会下设秘书处，秘书处办公地点设在广西机电职业技术学院，是理事大会的日常办事机构。

第九条　理事会实行年会制，年会由理事大会授权秘书处负责召集。必要时可临时召开。

第十条　秘书处是理事大会的执行机构，在理事大会休会期间，行使理事大会权力。秘书处的主要职责：

1. 执行理事大会决议。

2. 向理事大会提交职业教育发展的有关议案。

3. 制订理事会年度工作计划。

4. 审核新的理事成员单位的入会申请。

5. 确定理事大会召开的时间、地点和审议的主要内容。

6. 讨论和决定理事会的有关重要事项。

第十一条　理事长全面主持理事会工作。主要职责有：

1. 主持召开理事大会。

2. 组织实施理事会年度工作计划。

3. 向理事大会报告年度工作。

4. 主持理事会日常工作。

第三章　主要工作任务

第十二条　人才培养合作。理事长单位可根据理事单位需求开展订单培养，按理事单位的要求培养急需的高端技能型专门人才；理事单位可在理事长单位设立奖学金、奖教金，为理事长单位提供实习实训基地或联合培养基地。

第十三条　科技合作。组织理事单位开展各种形式的科技交流、科技合作、新技术推广、科技论坛、对口考察等活动，为理事单位之间创造合作、发展的机会，使理事之间在项目、资金、人才、信息等方面，开展多种形式的实质性合作。

第十四条　职工队伍建设合作。理事单位为理事长单位提供教师锻炼场所和方便条件，为理事长单位选派兼职教师；理事长单位为理事单位培训在职人员。

第十五条　产学研一体化合作。共同开发校企合作经济实体；组织理事长单位向理事单位提供在职技术人员培训、进修以及开展技术服务等工作。

第十六条　组织理事单位为理事长单位的学生提供认知见习、生产性实训、顶岗实习以及就业服务，在成熟的条件下，经双方同意，理事单位可挂牌成为理事长单位的校外实习实训基地，牌名统称"广西机电职业技术学院校外实习实训基地"。

第四章　权利 义务

第十七条　理事长单位的权利与义务

（一）理事长单位的权利：

1. 受理事会委托，有权召集各理事单位开展活动；

2. 向理事单位了解人才供求信息和培养要求；

3. 接受理事单位派遣的高级工程师、高级技师等能工巧匠到校任教；

4. 向理事单位派遣实习生；

5. 享用理事会单位内各种职业教育资源和各类信息。

（二）理事长单位的义务：

1. 向理事单位输送生产经营所需的合格毕业生；

2. 做好每年理事会安排的会议会务工作；

3. 及时向理事会通报办学情况；

4. 应理事单位要求，提供业务咨询、技术服务、员工培训服务及科研成果转让。

第十八条　理事单位的权利与义务

（一）理事单位的权利：

1. 为理事长单位的专业建设提出建设性意见；

2. 与理事长单位签署人才需求订单培养计划；

3. 获得理事长单位提供的优秀毕业生；

4. 获取理事长单位转让的技术成果；

5. 要求理事长单位为本单位员工提供继续教育与培训服务。

（二）理事单位的义务：

1. 提供旨在提高理事长单位的办学水平、人才培养能力的信息；

2. 在生产允许的情况下，尽可能为理事长单位的学生实习、教师实践提供方便；

3. 及时反馈用人单位对理事长单位毕业生的需求信息；

4. 向理事长单位派遣教学所需的专业人员和指导教师。

第十九条　理事会成员有以下共同权利：

1. 享有选举权、被选举权和表决权；

2. 对章程修改、发展规划、合作方针、目标实施等理事会的重大问题有提出意见建议和参与讨论的权利，对理事会工作有批评权和监督权；

3. 有参与理事会组织的各项活动的权利；

4. 入会自愿，退会自由。

第二十条　理事会成员共同义务：

1. 遵守国家法律、法规和政策，遵守本章程，遵守有关规章制度；

2. 执行理事会大会和理事长会议的决议；

3. 加强交流、沟通、团结和协作，自觉维护理事会信誉；

4. 树立理事会良好形象，维护理事会的合法权益；

5. 完成理事会交办的任务，并承担实质性工作。

第二十一条　理事会成立后，凡新申请加入的理事成员，须提出书面申请书和单位相关资料，经秘书处审核通过后，办理入会登记手续。

第二十二条　理事会成员要求退出，应提前一个月书面通知理事会秘书处，经秘书处研究批准后，方可办理退会手续。

第二十三条　理事会成员如有违反本章程的行为，或损害理事会的声誉和利益，情节严重、经劝告无效者，由秘书处提出并经理事长同意，责令其退出或予以除名。

第五章　章程的修改

第二十四条　本章程的修改，须经理事长会议审议后经理事大会表决通过。

第二十五条　修改后的章程，须在理事大会通过后方可生效。

第六章　附则

第二十六条　本章程经理事大会表决通过后生效。

第二十七条　本章程解释权属理事长会议。

第二十八条　本章程其他未尽事宜由秘书处决定。

附5-2 广西机电职业技术学院校企合作理事会名单（名单略）

附5-3 广西机电职业技术学院专业（群）校企合作理事分会工作章程

第一章 总 则

第一条 为进一步落实《国务院关于大力发展职业教育的决定》精神，全面提高教育教学质量，增强办学特色，培养与广西区域经济和社会发展紧密结合的技术技能型人才，成立专业校企合作理事分会。

第二条 专业校企合作理事分会是专业建设与教学工作的咨询、指导机构，专业带头人担任专业校企合作理事分会主任，专业校企合作理事分会在学院校企合作理事会指导下开展工作。

第三条 专业校企合作理事分会应遵循高等职业教育人才培养的客观规律，按照地方经济和行业发展要求，认真探讨新时期高等职业教育中出现的新情况、新问题，指导专业改革，加强专业建设，为提高人才培养质量做出贡献。

第二章 组织机构

第四条 专业校企合作理事分会成员由行业领域内企事业单位的专业人员、管理人员、专业骨干教师组成。

第五条 专业校企合作理事分会设主任会员1名，副主任会员1名，会员若干名。

第六条 会员任职资格：

（一）热心和关注高等职业教育，积极参加专业改革和建设；

（二）具有较扎实的专业理论知识和较强的实践能力及相关经验；

（三）在本专业领域连续工作三年以上，具有本专业中级以上技术职称。

第七条 专业校企合作理事分会的组建程序为：

（一）根据专业建设需要广泛联系社会各方面，在充分酝酿、反复筛选的基础上，提出本专业校企合作理事分会会员候选人名单，报送教务科研处；

（二）教务处会同人事处按照委员会任职资格进行审核，分管院长签批；

（三）学院颁发聘书。

第三章 工作职责及权利

第八条 专业校企合作理事分会的工作职责是：

（一）根据行业和市场需求与专业设置情况，指导系部建立以重点专业为龙头、相关专业为支撑的专业群，带动专业建设的发展；

（二）根据地方和行业经济发展需求及职业岗位对人才的要求，指导确定专业培养目标及岗位（群）所需的知识、能力和素质；制（修）订专业教学标准和人才培养方案；

（三）指导专业通过校企合作开发课程，建立突出职业能力培养的课程标准，规范课程教学活动设计。审定课程考核实施方案；

（四）指导专业进行精品资源公开课程建设和优质核心课程建设；

（五）指导专业开发紧密结合生产实际的有显著职教特色的教材和课件；

（六）指导校内实训基地建设，积极推行顶岗实习制度，使校内生产性实训、校外顶岗实习比例逐步加大，提高学生的实际动手能力。

第九条　会员的权利

（一）根据受聘会员本人的意愿，向学院推荐聘任其为该专业的客座教授；

（二）受聘会员所在的企业、事业单位可优先选聘毕业生；

（三）可协商利用本院的教学资料和教学设备，开展科研和培训工作；

（四）可协商校企合作开发、研制新产品、新工艺、新技术；

（五）根据会员参与专业建设工作、活动等情况，发给相应的工作津贴。

第十条　本章程自发布之日起执行，并由学院校企合作理事会秘书处负责解释。

5.2.3　校企合作（区域）工作站

关于成立校企合作（区域）工作站的通知

各系部：

为了深化学院校企合作工作，促进校企合作、工学结合人才培养模式的实施和开展区域社会服务，学院决定成立校企合作（柳州）工作站、校企合作（桂林）工作站、校企合作（玉林）工作站、校企合作（北海）工作站。

一、校企合作（区域）工作站主要职责

作为学院校企合作办公室直接联系点，校企合作（区域）工作站负责协调当地企业与学院之间的合作；为学院对当地企业的人才需求、生源、毕业生就业状况进行调研；协助学生在当地企业顶岗实习的管理；协调学院在当地开展技术服务和社会培训所需的人力和物力资源，协调学院校企合作的其他相关工作。

二、校企合作各区域工作站负责人（名单略）

5.2.4　成立技能大师工作室

2012年7月15日学院印发《关于成立技能大师工作室的通知》，如下所示。

关于成立技能大师工作室的通知

各系部：

　　为推动技能大师实践经验及助力技术技能的传承和推广，营造高技能人才开展技术攻关、技术技能创新和人才培养的良好氛围，学院决定成立电焊工技能大师工作室、维修电工技能大师工作室、钳工技能大师工作室、车工技能大师工作室。

　　工作室主要职能如下：

　　（1）对学院专业教师进行技术培训，提升教师的专业技能水平，培养"双师"素质专业教师；

　　（2）对企业兼职教师进行教育教学方法培训，提高兼职教师的教学水平；

　　（3）校企合作开展技术改造和新技术、新工艺的研究，解决技术难题；

　　（4）制定技术人员培训方案，为社会提供培训服务，培养电焊工、维修电工、钳工和车工等技术工种的高技能人才。

广西机电职业技术学院

校企合作理事会秘书处（盖章）

二〇一二年七月十五日

5.2.5　校企共建利益公共体

5.2.5.1　引入企业投资，建立校中厂

表5-5列举了学院的校中厂建设项目。

表5-5　校中厂建设项目

序号	校中厂名称	合作企业	合作方式	相关图片
1	南宁市科创进口汽车维修有限责任公司机电职院快修分厂	南宁市科创进口汽车维修有限责任公司	1. 投入×××万元与学院共建"南宁市科创进口汽车维修有限责任公司机电职院快修分厂"； 2. 每月缴纳汽车快修厂技术服务费××万元； 3. 每年设立企业奖学金××万元； 4. 接收教师、学生进行生产性实训	

表5-5(续)

2	南宁广发重工集团有限公司压力容器分公司机电职院分厂	南宁广发重工集团有限公司	投入×××万元共建校中厂——南宁广发重工集团有限公司压力容器分公司机电职院分厂	
3	春茂电气机电职院自动化设备生产车间	广西春茂电气自动化工程有限公司	投入×××万元共建春茂电气机电职院自动化设备生产车间	
4	南宁市鼎光电子有限责任公司	鼎光机电职院电子教学工厂	投入×××万元共建鼎光机电职院电子教学工厂	
5	广西桂华物流有限公司	桂华机电职院快递中心	投入×××万元共建"桂华机电职院快递中心"	

5.2.5.2　移植名企项目，建立广西区域技术中心

表5-6列举了学院的区域技术中心建设项目。

表5-6　区域技术中心建设项目

序号	区域技术中心名称	合作企业	合作方式	相关图片
1	广西机电职业技术学院FANUC数控系统应用中心	北京发那科机电有限公司	1. 共建"广西机电职业技术学院FANUC数控系统应用中心"； 2. 捐赠FANUC产品说明书和技术手册10套； 3. 以提供优惠价格的方式捐赠FANUC 0I-D、0I-Mate D数控系统各一套，YL-558型FANUC数控系统实训装置（不含数控系统）2套，智能化考核系统2套，数控机床维修仿真软件1套，培训手册2套。 4. 培养、培训和认证专业教师； 5. 对中心实训台的设计和制作给予技术支持	
2	西门子（中国）有限公司数控技术应用培训基地	西门子（中国）有限公司	1. 免费升级培训基地内的西门子数控系统； 2. 免费安排西门子（中国）有限公司的客户到基地进行培训，培训费作为学院收入； 3. 培训基地可对社会人员承接培训任务，培训费用由学院确定并作为学院收入	
3	广西美的暖通空调设备销售有限公司	美的中央空调技术服务实操培训中心	1. 共建"美的中央空调技术服务实操培训中心"； 2. 提供培训中心所需的中央空调设备、部分工具设备仪器仪表、空调设备组件、培训耗材和相关培训资料； 3. 将对应区域的技术服务中心、网点和经销商的培训工作任务放在共建的培训中心	
4	广西焊接与切割高技术应用研发与推广中心	广西焊接学会	1. 广西焊接协会授权、提供行业政策与相关资源； 2. 集结广西焊接与切割高新技术力量； 3. 开展先进焊接与切割高技能培训； 4. 先进焊接与切割技术的研发与推广	
5	大连机床集团有限责任公司	大连机床广西技术服务中心	1. 大连机床公司提供4台套数控机床设备； 2. 在广西区域大连机床公司的维护与修理； 3. 培训大连机床的维护与修理人员	

5.2.5.3 行业企业投入，共建区域示范基地

行业企业共建示范基地如表5-7所示：

表5-7 行业企业共建示范基地

序号	企业名称	区域示范基地	企业投入方式
1	中国电信股份有限公司南宁分公司	数字化校园	1. 投入×××万元进行数字化校园建设 2. 教学资源与教学信息化建设
2	中国焊接协会	中国焊接协会机器人焊接（南宁）培训基地	1. 中国焊接协会授权、提供行业政策与相关资源； 2. 共建"中国焊接协会机器人焊接（南宁）培训基地"
3	广西天润热能科技发展有限公司	学生宿舍热水供水工程BOT项目	1. 公司投入×××万元共建"学生宿舍热水供水工程BOT"项目； 2. 生产过程自动化实训
4	上海特略精密数控机床有限公司	上海特略中走丝线切割机床安装调试与加工技术培训基地	共同实施"特略订单班"，在数控技术专业2010级学生中选拔符合条件的学生，双方共同制订和实施培训计划，学生在完成正常专业教学任务的前提下，利用业余时间参加培训

5.2.5.4 嵌入企业，共建厂中校

校企共建厂中校如表5-8所示：

表5-8 校企共建厂中校

序号	企业名称	厂中校	企业投入方式
1	南宁广发重工集团有限公司	广西机电职业技术学院广发重工集团教学点	1. 利用企业教室和生产基地； 2. 实施企业职工培训和学生实习实训
2	上汽通用五菱股份有限公司	广西机电职业技术学院上汽通用五菱教学点	1. 利用企业教室和生产基地； 2. 实施企业职工培训和学生实习实训
3	广西桂华物流有限公司	广西机电职业技术学院桂华教学点	1. 利用企业教室和生产基地； 2. 实施企业职工培训和学生实习实训

5.2.6 系部校企合作情况汇总

系部校企合作情况汇总如表5-9～表5-20所示。

表 5-9　机械工程系 2013 年度校企合作工作汇总表

合作单位	专业建设与人才培养模式改革								师资队伍建设				社会服务能力建设	
	共同制定人才培养方案/个	共同开发专业核心课程/门	共同开发教学资源库/个	共建"校中厂"数量/个	共建"厂中校"数量/个	本年度为学生提供顶岗实习岗位数/个	开展订单培养的班次	本年度接受毕业生数/个	企业提供兼职教师数/名	本年度企业兼职教师承担的专业理论课时数	本年度企业兼职教师承担的专业实践课时数	本年度企业能为学院提供顶岗锻炼岗位的教师岗位数	校企合作开展技术研发的项目数/项	本年度校企合作为企业培训员工数量/人次
理事单位 广西电力工程建设公司									1		30			
广西弘升机械设备有限公司		1							2		255		1	
广西开元无机机械股份有限公司														
广西柳工机械股份有限公司	1	1							2		94			
广西南铝加工有限公司	1	3	3			15			12		662.5			130
广西南宁海斯德工程机械有限公司	1					4			1		64			
广西南星科技有限公司	1	0	0	0	0				10		933.5	5	0	0
广西迓变电公司	1	1							1		30	1		
广西冶金建设有限责任公司	1	3	3						7		210			
广西玉柴机器股份有限公司	1					7			2		127.8	3		
广西玉柴专用汽车有限公司	1	1							5		214.5			
桂林中国石油天然气第六建设公司	1								4		110			
柳州长虹机器制造公司	1	3	3						5		447			

表5-9（续）

合作单位	专业建设与人才培养模式改革								师资队伍建设				社会服务能力建设	
	共同制定人才培养方案/个	共同开发专业核心课程/门	共同开发教学资源库/个	共建"校中厂"数量/个	共建"厂中校"数量/个	本年度为学生提供顶岗实习岗位数	开展订单培养的班次	本年度接受毕业生数/个	企业提供兼职教师数/名	本年度企业兼职教师承担专业理论课时数	本年度企业兼职教师承担专业实践课时数	本年度企业为学院提供顶岗锻炼的岗位数	校企合作开展技术研发的项目数/项	本年度校企合作作为企业培训员工数量/人次
理事单位 柳州市龙杰汽车配件有限责任公司														
柳州市数控机床研究所	1								1		56.5			
柳州五菱汽车工业有限公司		3	3			16			6		540	6	1	60
南宁多丽电器股份有限公司		2	2	1	1				8		329	4		16
南宁广发重工集团有限公司	1	1		1										
南宁桂机可鑫机电维修工程有限责任公司														
南宁化工集团有限公司	1	1							3		381			
南宁机械厂									5		516.5			
南宁星焱科技有限公司	1			0	0				3		304	4	0	135
上海特略精密机床股份有限公司	1	3	3		1	14	1		8		427			
上汽通用五菱股份有限公司	1	3	3			23	1		15		1 189			
十一冶建设集团有限责任公司	1					1						1		
苏州得意精密电子有限公司	1	1		1	1	14			3		189	2		
中船西江造船厂									1		30			
中国化工桂林工程有限公司南宁分公司														
非紧密型合作企业 216	1	1	5	0	0	761	0	0	48	0	3 237.5	0	6	529
统计：企业数/项目数244	16	27	26	1	4	855	2	0	153	0	10 378	26	8	870

表 5-10 系 2012 年度校企合作工作汇总表

合作单位	专业建设与人才培养模式改革								师资队伍建设				社会服务能力建设	
	共同制定人才培养方案/个	共同开发专业核心课程/门	共同开发教学资源库/个	共建"校中厂"数量/个	共建"厂中校"数量/个	每年为学生提供顶岗实习岗位数	开展订单培养的班次	每年计划接受毕业生数/个	企业提供兼职教师数/名	每年企业兼职教师承担的专业理论课时数	每年企业兼职教师承担的专业实践课时数	每年企业能为学院承接顶岗锻炼的岗位数	校企合作开展技术研发的项目数目/项	每年校企合作为企业培训员工数量/人次
理事单位 中外运广西防城港公司	1	2	1	0	0	5	0	10	2	0	32	5		20
广西桂华物流公司	1	1	1	1	1	5	2	20	6	144	68	5		
广西昊晟物流公司	2	2	1	0	1	6	3	25	4	0	64	5		
广西牛博物流公司	1	2	0	0	0	3	0	10	1	0	20	3		
广西世纪物流公司	1	0	0	0	0	5	0	30	3	0	60	5		
广西玉柴物流公司	0	0	0	0	0	5	0	20	2	0	32	3		
南宁 TCL 销售公司	1	1	0	0	0	5	0	30	5	96	60	7		20
广西润建通信发展有限公司						10	1	28	3		450	3		
非紧密型合作企业 95 个	2	2				200	1	300	86	2 124	7 509	185		410
统计:企业数 109/项目数	6	9	1	1	2	229	6	800	109	2 364	7 777	218		450

表 5-11 物流管理专业（专业群）2012 年度校企合作工作汇总表

合作单位		专业建设与人才培养模式改革								师资队伍建设				社会服务能力建设	
		共同制定人才培养方案/个	共同开发专业核心课程/门	共同开发专业教学资源库/个	共建"校中厂"数量/个	共建"厂中校"数量/个	每年为学生提供顶岗实习岗位数	开展订单培养的班次	每年计划接受毕业生数/个	企业提供兼职教师数/名	每年企业兼职教师承担的专业理论课时数	每年企业兼职教师承担的专业实践课时数	每年企业能为学院提供教师顶岗锻炼的岗位数	校企合作开展技术研发的项目数/项	每年校企合作为企业培训员工数量/人次
理事单位	中外运广西防城港公司	1	2	1	0	0	5	0	2	2	0	32	5		20
	广西桂华物流公司	1	1	1	1	1	5	2	8	6	144	68	5		
	广西昊晟物流公司	2	2	0	0	1	6	3	12	4	0	64	5		
	广西牛博物流公司	1	2	0	0	0	3	0	3	1	0	20	3		
	广西世纪物流公司	1	0	0	0	0	5	0	10	3	0	60	5		
	广西玉柴物流公司	0	0	0	0	0	5	0	8	2	0	32	3		
非紧密型合作企业 33		2	2			2	40		35		541	340	33		360
统计：企业数 39/项目数		4	4	1	1	2	69	5	150	39	685	616	33		380

表5-12　计算机与信息工程系2012年度校企合作工作汇总表

类别	合作单位	共同制定人才培养方案/个	共同开发专业核心课程/门	共同开发教学资源库/个	共建"校中厂"数量/个	共建"厂中校"数量/个	每年为学生提供顶岗实习岗位数/个	开展订单培养的班次	每年计划接受毕业生数/个	企业提供兼职教师数/名	每年企业兼职教师承担的专业理论课时数	每年企业兼职教师承担的专业实践课时数	每年企业能为学院提供教师顶岗锻炼的岗位数	校企合作开展技术研发的项目数/项	每年校企合作为企业培训员工数量/人次
理事单位	重庆中联信息产业有限责任公司南宁办事处	1					7		7	5	30	450	2		
	南宁市平方软件新技术有限责任公司	1	1				1		1	1	90	120	1		
	南宁市奔捷电脑经营部		1				16		10	1		150	2		
	广西联道计算机有限责任公司	1	1										2		
非紧密型合作企业	南宁一站网络技术有限公司	1	1				3		1	1		135	2		
	广西宝亮升维网络科技有限公司	1	1										2		
	广西派奇文化传播有限公司	1	1				3		1	1	18	15	1		
	广西伟志精进影视文化传播有限公司	1	1							2	20	120	2		40
非紧密型合作企业	南宁市赛佳图文有限责任公司						7			1		120	1		
	广西南宁科宏信息技术有限公司	1	1							2	24	120	1		
	南宁市迈越软件有限责任公司	1					5		3	2	24	150			
	南宁恒帆科技有限公司		1				3		3	1		60	1		
	广西计算中心	1	1										1		
统计：企业数/项目数		10	10	0	0	0	45	0	26	17	206	1 440	18	0	40

表5-13 计算机应用技术专业（专业群）2013年度校企合作工作汇总表

合作单位	专业建设与人才培养模式改革								师资队伍建设				社会服务能力建设	
	共同制定人才培养方案/个	共同开发专业核心课程/门	共同开发教学资源库/个	共建"校中厂"数量/个	共建"厂中校"数量/个	每年为学生提供顶岗实习岗位数	开展订单培养的班次	每年计划接受毕业生数/个	企业提供兼职教师数/名	每年企业兼职教师承担的专业理论课时数	每年企业兼职教师承担的专业实践课时数	每年企业为学院提供教师顶岗锻炼的岗位数	校企合作开展技术研发的项目数/项	每年校企合作为企业培训员工数量/人次
非紧密型合作企业 重庆中联信息产业有限责任公司南宁办事处	1	1				7		7	5	30	450	2		
非紧密型合作企业 南宁市平方软件新技术有限责任公司	1	1				1		1	1	90	120	1		
非紧密型合作企业 南宁市奔捷电脑经营部						16		10	1		150	2		
非紧密型合作企业 广西联道计算机有限责任公司	1	1										2		
统计：企业数/项目数	3	3	0	0	0	24	0	18	7	120	720	7	0	0

表5-14 计算机信息管理专业（专业群）2013年度校企合作工作汇总表

考核指标 合作单位	专业建设与人才培养模式改革								师资队伍建设				社会服务能力建设	
	共同制定人才培养方案/个	共同开发专业核心课程/门	共同开发教学资源库/个	共建"校中厂"数量/个	共建"厂中校"数量/个	每年为学生提供顶岗实习岗位数	开展订单培养的班次	每年计划接受毕业生数/个	企业提供兼职教师数/名	每年企业兼职教师承担的专业理论课时数	每年企业兼职教师承担的专业实践课时数	每年企业能为学院提供教师顶岗锻炼的岗位数	校企合作开展技术研发的项目数/项	每年校企合作为企业培训员工数量/人次
非紧密型合作企业 南宁一站网络技术有限公司	1	1				3		1			135	2		
非紧密型合作企业 广西宝亮升维网络科技有限公司	1	1										2		
非紧密型合作企业 广西派奇文化传播有限公司	1	1						1	1	18	15	1		
非紧密型合作企业 广西伟志精进影视文化传播有限公司	1	1				3			2	20	120	2		40
非紧密型合作企业 南宁市兼佳图文有限责任公司						7			1		120	1		
统计：企业数/项目数	4	4	0	0	0	13	0	2	5	38	390	8	0	40

表 5-15 计算机网络技术专业（专业群）2013 年度校企合作工作汇总表

合作单位	专业建设与人才培养模式改革							师资队伍建设				社会服务能力建设	
	共同制定人才培养方案/个	共同开发专业核心课程/门	共同开发教学资源库/个	共建"校中厂"数量/个	共建"厂中校"数量/个	每年为学生提供顶岗实习岗位数	开展订单培养的班次	每年计划接受毕业生数/个	企业提供兼职教师数/名	每年企业兼职教师承担的专业理论课时数	每年企业兼职教师承担的专业实践课时数	每年企业能为学院提供教师顶岗锻炼的岗位数	校企合作开展技术研发的项目数/项	每年校企合作为企业培训员工数量/人次
广西南宁科宏信息技术有限公司	1	1							2	24	120	1		
南宁市迈越软件有限责任公司	1	1				5		3	2	24	150	1		
南宁恒帆科技有限公司						3		3	1		60			
非紧密型合作企业 广西计算中心	1	1										1		
统计：企业数/项目数	3	3	0	0	0	8	0	6	5	48	330	3	0	0

表5-16 艺术设计系2013年度校企合作工作汇总表

合作单位		专业建设与人才培养模式改革								师资队伍建设				社会服务能力建设	
		共同制定人才培养方案/个	共同开发专业核心课程/门	共同开发教学资源库/个	共建"校中厂"数量/个	共建"厂中校"数量/个	每年为学生提供顶岗实习岗位数	开展订单培养的班次	每年计划接受毕业生数/个	企业提供兼职教师数/名	每年企业兼职教师承担的专业理论课时数	每年企业兼职教师承担的专业实践课时数	每年企业为学院提供教师顶岗锻炼的岗位数	校企合作开展技术研发的项目数/项	每年校企合作为企业培训员工数量/人次
理事单位	广西区人民政府办公厅印刷厂	1	2	1	0	0	15	1	10	3	40	600	2	0	30
	广西南宁天影互动文化传播有限公司	1	2	1	0	0	10	1	10	6	30	600	4	0	20
	广西瑞熙特种票证印务有限公司	1	2	1	0	0	30	2	30	6	30	600	4	0	60
	东莞市双鹰家具有限公司	1	2	1	0	0	30	2	30	3	60	600	0	0	60
	广西仲礼企业集团制造有限公司	1	2	1	0	0	20	2	20	4	80	600	0	0	40
	佛山维尚家具制造有限公司	1	2	1	0	0	30	2	30	3	60	600	0	0	60
	深圳雅昌彩色印刷有限公司	1	2	1	0	0	30	2	30	6	30	600	4	0	60
非紧密型合作企业	云南创艺装饰集团南宁创艺装饰工程有限公司	1	2	1	0	0	15	1	15	3	60	600	0	0	30
统计:企业数/项目数															

表 5-17　艺术传媒技术专业（专业群）2012 年度校企合作工作汇总表

合作单位		专业建设与人才培养模式改革								师资队伍建设				社会服务能力建设	
		共同制定人才培养方案/个	共同开发专业核心课程/门	共同开发教学资源库/个	共建"校中厂"数量/个	共建"厂中校"数量/个	每年为学生提供顶岗实习岗位数	开展订单培养的班次	每年计划接受毕业生数/个	企业提供兼职教师数/名	每年企业兼职教师承担的专业理论课时数	每年企业兼职教师承担的专业实践课时数	每年企业为能院学院教师提供顶岗锻炼的岗位数	校企合作开展技术研发的项目数/项	每年校企合作为企业培训员工数量/人次
理事单位	广西区人民政府办公厅印刷厂	1	2	1	0	0	15	1	10	3	40	600	2	0	30
	广西南宁天影互动文化传播有限公司	1	2	1	0	0	10	1	10	6	30	600	4	0	20
	广西瑞熙特种票证印务有限公司	1	2	1	0	0	30	2	30	6	30	600	4	0	60
非紧密型合作企业	深圳雅昌彩色印刷有限公司	1	2	1	0	0	30	2	30	6	30	600	4	0	60
企业数/项目数															

表 5-18 艺术设计技术专业（专业群）2012 年度校企合作工作汇总表

合作单位		专业建设与人才培养模式改革								师资队伍建设					社会服务能力建设	
		共同制定人才培养方案/个	共同开发专业核心课程/门	共同开发教学资源库/个	共建"校中厂"数量/个	共建"厂中校"数量/个	每年为学生提供顶岗实习岗位数	开展订单培养的班次	每年计划接受毕业生数/个	企业提供兼职教师数/名	每年企业兼职教师承担的专业理论课时数	每年企业兼职教师承担的专业实践课时数	每年企业能为学院提供教师顶岗锻炼的岗位数	校企合作开展技术研发的项目数/项	每年校企合作为企业培训员工数量/人次
理事单位	东莞市双鹰家具有限公司	1	2	1	0	0	30	2	30	3	60	600	0	0	60
	广西仲礼企业集团公司	1	2	1	0	0	20	2	20	4	80	600	0	0	40
	佛山维尚家具制造有限公司	1	2	1	0	0	30	2	30	3	60	600	0	0	60
非紧密型合作企业	云南创艺装饰集团南宁创艺装饰工程有限公司	1	2	1	0	0	15	1	15	3	60	600	0	0	30
统计：企业数/项目数															

表 5—19 建筑工程系 2013 年度校企合作工作汇总表

合作单位	专业建设与人才培养模式改革								师资队伍建设				社会服务能力建设	
	共同制定人才培养方案/个	共同开发专业核心课程/门	共同开发教学资源库/个	共建"校中厂"数量/个	共建"厂中校"数量/个	每年为学生提供顶岗实习岗位数	开展订单培养的班次	每年计划接受毕业生数/个	企业提供兼职教师数/名	每年企业兼职教师承担的专业理论课时数	每年企业兼职教师承担的专业实践课时数	每年企业为学院提供教师顶岗锻炼的岗位数	校企合作开展技术研发的项目数/项	每年校企合作为企业培训员工数/人次
广西海特建设工程项目咨询管理有限公司	2	1	1			10		10	3	50	180	2		
广西众益工程造价咨询有限公司	1	1				10		5		50	120	1		
广西大通监理公司	1	1				10		5		50	120	1		
南宁菱日楼宇设备有限责任公司	1	1	0	0	1	10	0	5	1	48	200	2	0	10
广西南箔科技有限责任公司	1	1	0	0	1	10	0	5	1	78	200	2	1	0
深圳松大科技有限公司	1	0	0	0	0	15	0	15	0	0	200	2	0	0
广西保利物业服务有限公司	1	0	0	0	0	20	1	15	1	0	200	2	0	20
广西全俱物业服务有限公司	1	0	0	0	0	20	1	10	1	0	200	2	0	10
南宁市荣和物业服务有限公司	1	0	0	0	0	15	1	10	1	0	200	2	0	10
广西润和物业服务有限公司	1	0	0	0	0	15	1	10	1	0	200	2	0	10
广西南宁端隆机电设备有限公司						15		20			240	2		
广西南宁良凯制冷设备工程有限公司	1					15	1	25			240	3		

表5-19（续）

合作单位	专业建设与人才培养模式改革								师资队伍建设				社会服务能力建设	
	共同制定人才培养方案/个	共同开发专业核心课程/门	共同开发教学资源库/个	共建"校中厂"数量/个	共建"厂中校"数量/个	每年为学生提供顶岗实习岗位数	开展订单培养的班次	每年计划接受毕业生数/个	企业提供兼职教师数/名	每年企业兼职教师承担的专业理论课时数	每年企业兼职教师承担的专业实践课时数	每年企业能为学院提供教师提质岗锻炼的岗位数	校企合作开展技术研发的项目数/项	每年校企合作为企业培训员工数量/人次
桂林市达源空调设备工程安装有限公司	1					15	1	18			240	3		
广西南宁航邦制冷设备有限公司						15	1	15			240	1		
广西天健房地产公司	0	0	0	0	0	5	0	0	0	0	40	0	0	0
广西金港房地产开发公司	1	0	0	0	0	3	0	0	0	0	30	0	0	10
南宁市阳光居易房屋经纪有限责任公司	1	0	0	0	0	5	0	3	0	0	20	2	0	5
广西华正房地产评估公司	1	0	0	0	0	10	0	3	0	0	30	1	0	20
广西红日房地产公司	1	0	0	0	0	5	0	0	0	0	20	0	0	0
广西万宇房地产评估有限公司	1	0	0	0	0	5	0	0	2	0	40	0	0	0
南宁市中联圆梦房屋置换有限公司	1	0	0	0	0	2	0	0	4	0	20	1	0	0

表5-19(续)

合作单位	专业建设与人才培养模式改革								师资队伍建设				社会服务能力建设	
	共同制定人才培养方案/个	共同开发专业核心课程/门	共同开发教学资源库/个	共建"校中厂"数量/个	共建"厂中校"数量/个	每年为学生提供顶岗实习岗位数	开展订单培养的班次	每年计划接受毕业生数/个	企业提供兼职教师数/名	每年企业兼职教师承担的专业理论课时数	每年企业兼职教师承担的专业实践课时数	每年企业能为学院提供顶岗锻炼的岗位数	校企合作开展技术研发的项目数/项	每年校企合作为企业培训员工数量/人次
非紧密型合作企业 广西冶金设计研究院海湾安全技术有限公司南宁分公司,南宁广开工程建设有限责任公司,广西安立调通信工程有限公司,南宁安立通通信工程有限公司	0	0	0	0	0	35	0	35	4	200	200	6	0	50
深圳鹏基物业管理公司南宁分公司	1	0	0	0	0	15	1	10	1	0	100	2	0	0
南宁诚瑜和物业管理公司	1	0	0	0	0	15	1	10	1	0	100	2	0	0
南宁市和天装饰材料有限公司	1	0	0	0	0	2	0		3	0	30	1	0	5
广西锦潮房地产有限公司	0	0	0	0	0	0	0	5	2	0	10	0	0	5
统计:企业数/项目数	23	5	2	0	2	299	9	234	26	476	3 440	44	1	155

表5-20　文秘、旅游、英语专业（专业群）2013年度校企合作工作汇总表

合作单位	专业建设与人才培养模式改革								师资队伍建设				社会服务能力建设	
	共同制定人才培养方案/个	共同开发专业核心课程/门	共同开发教学资源库/个	共建"校中厂"数量/个	共建"厂中校"数量/个	每年为学生提供顶岗实习岗位数	开展订单培养的班次	每年计划接受毕业生数/个	企业提供兼职教师数/名	每年企业兼职教师承担的专业理论课时数	每年企业兼职教师承担的专业实践课时数	每年企业能为学院提供教师顶岗锻炼的岗位数	校企合作开展技术研发的项目数/项	每年校企合作为企业培训员工数量/人次
西乡塘政府	1													
红林大酒店	1													
南宁中国青年旅行社	1					5		2	1	120	200	2		30
广西职工国际旅行社	1					5		2	1	120	200	2		20
武鸣伊岭岩风景区	1					3		2				1		30
广西康辉旅行社	1					5		3				2		50
广西南宁奇网计算机有限公司	1					2		5	2		152	2		150
广西慧天天贸易有限公司								1	1		30	1		
南宁市迷你文化咨询有限公司						1		2	1		60	3		
东莞大盛五金制品有限公司						8		10			90			
广西南宁市泉水叮咚食品投资有限公司						4		5						
统计：企业数/项目数	7					33		30	6	240	732	13		280

（"非紧密型合作企业"为上述合作单位所属分类）

5.3　高职制造类专业产教协同人才培养路径的创新

5.3.1　产教协同构建"一平台，双机制"结构优化体系，实现人才供给结构与制造业升级发展需求有效对接

发挥机械行业教学指导委员会统筹协调作用，联合跨区域的 4 个装备制造职教集团和 8 个行业协会、80 家龙头企业和 20 所职业院校搭建合作育人和协同创新平台，明确了各方职责。校行企建"定点监测、定期调研、多方会商"的信息传感分析机制，构建"行业预警、三方联动、双向调整"的校企双侧结构调整机制。通过在全国 100 多家典型企业开展岗位需求和技术发展定点监测，对 15 个省（区、市）100 家院校、企业和行业协会进行定期调研，组织用人单位、行业和院校专家多方会商诊断，适时传感、分析全局性和区域性的岗位需求与技术发展变化。每年发布《职业教育装备制造类专业调整报告》，行业根据监测和分析结果对职业院校专业设置和企业发展战略进行预测、预警、指导和咨询；企业根据有效人力资源供给和技术发展趋势，动态调整产品、技术、岗位结构，优化发展战略；院校随区域产业需求动态调整专业结构、人才培养标准和教学内容，新增了工业网络技术、3D 打印等 10 个新专业或方向，开发或修订了模具设计与制造、数控技术（智能制造单元方向）等 15 个专业的教学标准。三方联动，促进了人才供给结构与产业转型升级发展需求的有效对接。4 年来，4 所学校共同编写装备制造专业标准 23 个，课程标准 156 个，在机械行指委统筹下，指导了 200 余所学校调整专业方向 23 个，为装备制造业培养技术技能人才 4 万多人。通过三方联动，促进了人才供给结构与产业转型升级发展需求的有效对接。

5.3.2　产教协同构建"五位一体"教师能力提升体系，打造高水平专业教学团队

依托机械行指委，产教协同共建 4 个教师培训基地、20 企业实践基地、4 个教学研究中心，构建"教、产、研、培、赛"五位一体教师能力培养体系（图 5-1），实施"名师大师引领、高水平团队打造、创新能力提升"三大工程。建立以行业命名的名师工作室 10 个，教师培训基地 11 个，企业实践基地 23 个，从 2014 年以来，培训教师 80 批 4 021 人次。通过行业引领、跨区域、

跨校企组织教师开展教学研究、企业顶岗实践、应用技术研究、专项技能培训、参与教学竞赛并指导学生参加技能竞赛，全面提升教师工程实践和技术创新能力。另外，通过引进与培养结合，教师到企业实践和通过引入企业技术专家、能工巧匠，完善教师团队结构，共同开展技术研发和创新活动，2014 年以来，为企业解决工艺、技术上的"痛点"和"难点"300 多个。

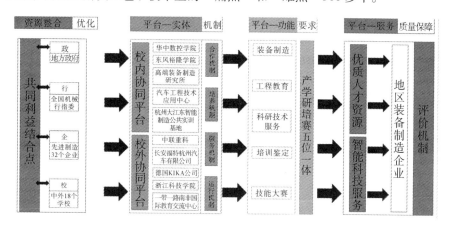

图 5-1 "教、产、研、培、赛"五位一体教师能力培养体系

5.3.3 产教协同探索多样化人才培养实施途径，实现了人才培养与不同区域制造业的发展特点相适应

校企率先制定装备制造业区域性人才标准，依据标准制订人才培养方案中的培养目标和素质、知识、能力培养规格，达到企业用人标准与学校培养标准的统一。在此基础上，通过引进、消化、吸收英国现代学徒制（EAL 证书）的课程，构建自身特色并具有国际标准元素的学徒制课程体系，采用分段式、互补性的"校企协同"双线，"双主体（校企）+四场地（学校理实教室和实训中心、企业研修学院和生产车间）"方式实施岗位课程教学，实现专业通识知识、技能和素养与企业的岗位知识、岗位技能和素养融合，培养学生的关键能力和核心技术，满足企业的个性化、专业化要求。东部地区院校聚焦智能制造技术发展，与海天集团等 15 家智造企业共建企业学院，以技术创新为引领，围绕产业发展的主流技术，开发"专产对接、技术同步"的学徒制课程，创新了"1212 导向、五位一体"人才培养模式（图 5-2）。中部地区院校围绕工程机械、轨道交通等装备制造转型发展对国际化人才提出的需求，与中联重科等 18 家"走出去"企业联合开设了国际化人才订单班，将不同企业、不同

岗位、不同国别、不同群体所需的知识和技能嵌入课程模块中，构建了"分层递进+柔性嵌入"的课程体系，创新了"多联动，跨时空"人才模式（图5-3）。西部地区院校针对汽车制造重点产业产品技术、工艺升级的发展需求，与柳州重工等9家大型企业合作，开发了以典型企业的工艺流程、技术流程为主体的焊接机器人操作编程、机器人焊接工艺设计等课程和教学项目，创建了学校课程+企业课程的课程体系，创新了"三层递进，四位一体"的人才培养模式（图5-4）。针对制造业升级发展的多区域、多层次个性化需求，在实践中创新了区域特色鲜明的人才培养实施途径。

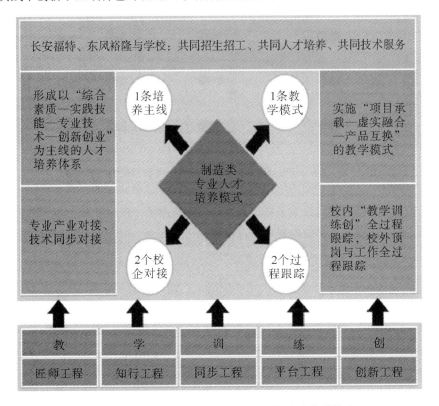

图5-2　东部"1212导向、五位一体"人才培养模式

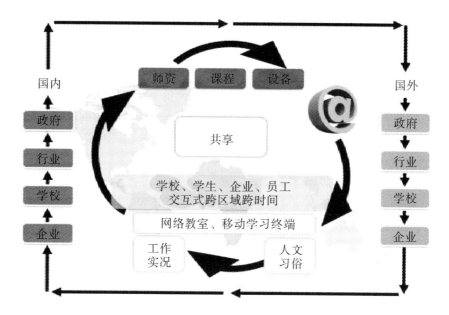

图5-3 中部"多联动、跨时空"人才培养模式

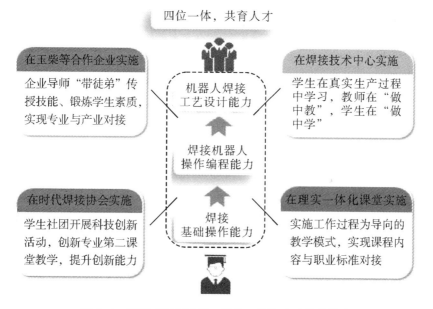

图5-4 西部"三层递进,四位一体"人才培养模式

5.3.4 高职制造类专业产教协同人才培养路径的创新点

5.3.4.1 提出了校企共生发展的"五维耦合"理论，形成了校企合作长效机制

充分发挥了机械行指委和行业协会在专业调整、师资培育、技术创新、资源共享等方面的宏观指导、统筹协调，从影响学校和企业发展的设备、技术、人才、管理、文化五个方面建立耦合点，一方资源短缺或需求变化，另一方随之响应输出资源，通过"需求—感知—响应—耦合—满足"的双向互通、互动、互补，实现"五维耦合"（图5-5）。以企业需求为导向，将校企合作建立在利益共同点上，使企业成为资源投入方、人才培养参与方和合作成果的受益方，在人才培养、技术创新各方面相互依存，真正催生合作动力，共生发展。

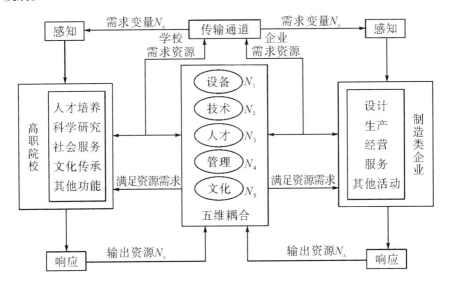

图5-5 "五维耦合"理论原理图

5.3.4.2 形成了"一平台、双机制、三模式、五位一体"的产教协同人才培养实践路径

学院以校企共生发展"五维耦合"的理论为指导，通过充分发挥机械行指委和行业协会的作用，联合各区域职教集团，搭建了跨区域合作平台；构建了"定点监测、定期调研、多方会商"的调研分析机制和"行业预警、三方联动、双向调整"的校企双侧结构调整机制，适时洞察岗位需求和技术发展变化，动态调整学校专业结构和企业岗位结构，动态优化课程体系，及时把企业的新技术、新工艺融入教学内容，保持人才培养和企业技术发展同步。依据不同区域产业人才需求特点，创新创造了适合东、中、西部产业发展特征的三种类型人才培养模式；着眼工程实践能力和技术创新能力培养，建立了"教、产、研、培、赛"五位一体的教师能力提升体系。

5.3.4.3 构建了教育教学和技术创新"双能力"提升的师资队伍培养模式，丰富了双师素质教师队伍建设内涵

以技术为牵引、服务为驱动，组建机械行指委师资管理委员会，打破师资队伍传统组织管理模式和学科专业界限，整合校行企优势资源，跨专业、跨校企打造了"大师、名师、技师"三师领衔的教学团队，在名师大师的引领中找出教师个人实践能力或技术创新能力的"短板"，通过"教、产、研、培、赛"五位一体的行校企师资能力培养体系，全面实现教师教育教学和技术创新"双能力"提升。

5.3.5 高职制造类专业产教协同人才培养路径的应用效果

5.3.5.1 实施效果

（1）理论成果丰硕。

以研究成果展示为主要内容的著作《校企合作运行机制：路径设计与实施》已在机械工业出版社出版，《服务装备制造业"走出去"战略的国际化人才培养研究与实践》已在中国水利水电出版社出版。单位发表相关研究论文221篇，立项省市级以上教学研究项目52项，"机械工业转型升级高技能人才需求调研报告"和"产业转型升级背景下装备制造类专业产教协同人才培养创新研究"课题研究报告在机械行业发布，指导了行业内200多所院校的专业调整和教学改革。

（2）装备制造类专业人才培养质量不断提高。

成果在数控技术、模具设计与制造、焊接技术及自动化、机电一体化技术等27个相关专业推广和应用，受益学生累计近7万人，毕业生用人单位满意率96.2%；学生在"金砖国家技能发展与技术创新大赛"等国际技术技能大赛获奖50多人次，在国家级技能大赛获奖600多人次，在巴黎国际发明展览会获发明金奖2项，银奖1项、铜奖1项。

（3）装备制造类专业建设成效显著。

成果完成单位建成了机械制造与自动化、数控技术等机械行业技能人才培养特色专业5个，立项模具、焊接、数控、电气自动化等装备制造类国家示范专业点8个，建成国家精品课程和精品资源共享课10门，出版国家"十二五"

规划教材 10 本，引进国际化课程 15 个，获省级和行指委教学成果奖 8 项；与学校、行业和企业共建了 30 余个培训基地、10 个国家级实训基地、30 个省级实训基地。

（4）专业教学团队综合能力明显提升。

培养了国家级教学名师 1 人、省级教学名师 6 人、国家级教学团队 1 个、省级教学团队 6 个；承担企业技术研发、技术改造项目 356 项，获得横向课题经费 7 200 多万元，为企业培训员工 7 万余人次，与企业共同制订技术标准 21 个、培训标准 30 个；获专利 300 多项，为企业解决难题 300 多个，参与技术革新 120 项，参与解决了我国辽宁舰钛合金工艺优化焊接难题。

5.3.5.2 推广应用

（1）人才培养模式示范推广。

在成果辐射带动下，专业调整和人才培养的方法体系在 200 多所职业院校应用，带动了 30 多个专业的发展；适合东、中、西部的不同人才培养模式在同类职业院校中推广，学校累计接待了 300 多所职业院校、2 000 多人次学习和研讨。

（2）社会影响广泛。

四所院校成为装备制造类专业产教协同人才培养的重要基地，院校相关研究成果被中央电视台、《光明日报》《中国教育报》《中国青年报》等 20 家媒体报道。其中的典型成果案例入选《全国职业教育集团办学典型案例汇编》，并获《中国职业技术教育》杂志专版介绍。

（3）国际合作水平提升。

学院分别与美国、德国、加拿大等欧美国家开展了校际交流与合作；在"一带一路"沿线 6 个国家开展人才输出培养、培训活动，为企业培养装备制造业国际化人才 1 万余人。

5.4 现代产业学院建设指南（试行）

培养适应和引领现代产业发展的高素质应用型、复合型、创新型人才，是高等教育支撑经济高质量发展的必然要求，是推动高校分类发展、特色发展的重要举措。为扎实推进新工科建设再深化、再拓展、再突破、再出发，协调推进新工科与新农科、新医科、新文科融合发展，全面提升人才培养的能力，经研究，决定在特色鲜明、与产业紧密联系的高校建设若干与地方政府、行业企业等多主体共建共管共享的现代产业学院。

5.4.1　指导思想

以习近平新时代中国特色社会主义思想为指导，深入贯彻党的十九大和十九届二中、三中、四中全会精神，贯彻落实全国教育大会精神和《中国教育现代化2035》，以立德树人为根本任务，以学生发展为中心，突破传统路径依赖，充分发挥产业优势，发挥企业重要教育主体作用，深化产教融合，推动高校探索现代产业学院建设模式，建强优势特色专业，完善人才培养协同机制，造就大批产业需要的高素质应用型、复合型、创新型人才，为提高产业竞争力和汇聚发展新动能提供人才支持和智力支撑。

5.4.2　建设目标

经过四年左右时间，以区域产业发展急需为牵引，面向行业特色鲜明、与产业联系紧密的高校，重点是应用型高校，建设一批现代产业学院。在此基础上，引导高校瞄准与地方经济社会发展的结合点，不断优化专业结构、增强办学活力，探索产业链、创新链、教育链有效衔接机制，建立新型信息、人才、技术与物质资源共享机制，完善产教融合协同育人机制，创新企业兼职教师评聘机制，构建高等教育与产业集群联动发展机制，打造一批融人才培养、科学研究、技术创新、企业服务、学生创业等功能于一体的示范性人才培养实体，为应用型高校建设提供可复制、可推广的新模式。

5.4.3　建设原则

坚持育人为本。以立德树人为根本任务，以提高人才培养能力为核心，推动学校人才培养供给侧与产业需求侧紧密对接，培养符合产业高质量发展和创新需求的高素质人才。

坚持产业为要。依托优势学院专业，科学定位人才培养目标，构建紧密对接产业链、创新链的专业体系，切实增强人才对经济高质量发展的适应性。突出高校科技创新和人才集聚优势，强化"产学研用"体系化设计，增强服务产业发展的支撑作用，推动经济转型升级、培育经济发展新动能。

坚持产教融合。将人才培养、教师专业化发展、实训实习实践、学生创新创业、企业服务科技创新功能有机结合，促进产教融合、科教融合，打造集产、学、研、转、创、用于一体，互补、互利、互动、多赢的实体性人才培养创新平台。

坚持创新发展。创新管理方式，充分发挥高校与地方政府、行业协会、企业机构等双方或多方办学主体作用，加强区域产业、教育、科技资源的统筹和部门之间的协调，推进共同建设、共同管理、共享资源，探索"校企联合""校园联合"等多种合作办学模式，实现现代产业学院可持续、内涵式创新发展。

5.4.4 建设任务

5.4.4.1 创新人才培养模式

面向产业转型发展和区域经济社会需求，以强化学生职业胜任力和持续发展能力为目标，以提高学生实践和创新能力为重点，深化产教深度融合、校企合作，创新人才培养方案、课程体系、方式方法、保障机制等。鼓励打破常规，对课程体系进行大胆革新，探索构建符合人才培养定位的课程新体系和专业建设新标准。推进"引企入教"，推进启发式、探究式等教学方法改革和合作式、任务式、项目式、企业实操教学等培养模式综合改革，促进课程内容与技术发展衔接、教学过程与生产过程对接、人才培养与产业需求融合。协调推进多主体之间开放合作，整合多主体创新要素和资源，凝练产教深度融合、多方协同育人的应用型人才培养模式。

5.4.4.2 提升专业建设质量

围绕国家和地方确定的重点发展领域，着力推进新工科与新农科、新医科、新文科融合发展，深化专业内涵建设，主动调整专业结构，着力打造特色优势专业，推动专业集群式发展。紧密对接产业链，实现多专业交叉复合，支撑同一产业链的若干关联专业快速发展；依据行业和产业发展前沿趋势，推动建设一批应用型本科新专业，探索本科专业创新发展的建设路径；推进与企业合作成立专业建设指导委员会，引入行业标准和企业资源积极开展国际实质等效的专业认证，促进专业认证与创业就业资格协调联动，提高专业建设标准化、国际化水平。

5.4.4.3 开发校企合作课程

引导行业企业深度参与教材编制和课程建设，设计课程体系、优化课程结构。加快课程教学内容迭代，关注行业创新链条的动态发展，推动课程内容与行业标准、生产流程、项目开发等产业需求科学对接，建设一批高质量校企合作课程、教材和工程案例集。以行业企业技术革新项目为依托，紧密结合产业实际创新教学内容、方法、手段，增加综合型、设计性实践教学比重，把行业企业的真实项目、产品设计等作为毕业设计和课程设计等实践环节的选题来源。依据专业特点，使用真实生产线等环境开展浸润式实景、实操、实地教学，着力提升学生的动手实践能力，有效提高学生对产业的认知程度和解决复杂问题的能力。

5.4.4.4 打造实习实训基地

基于行业企业的产品、技术和生产流程，创新多主体间的合作模式，构建基于产业发展和创新需求的实践教学和实训实习环境。统筹各类实践教学资源，充分利用科技产业园、行业龙头企业等优质资源，构建功能集约、开放共享、高效运行的专业类或跨专业类实践教学平台。通过引进企业研发平台、生产基地，建设一批兼具生产、教学、研发、创新创业功能的校企一体、产学研用协同的大型实验、实训实习基地。

5.4.4.5 建设高水平教师队伍

依托现代产业学院，探索校企人才双向流动机制，设置灵活的人事制度，建立选聘行业协会、企业业务骨干、优秀技术和管理人才到高校任教的有效路径。探索实施产业教师（导师）特设岗位计划，完善产业兼职教师引进、认证与使用机制。加强教师培训，共建一批教师企业实践岗位，开展师资交流、研讨、培训等业务，将现代产业学院建设成"双师双能型"教师培养培训基地。开展校企导师联合授课、联合指导，推进教师激励制度探索，打造高水平教学团队。

5.4.4.6 搭建产学研服务平台

鼓励高校和企业整合双方资源，建设联合实验室（研发中心），发挥学校人才与专业综合性优势，围绕产业技术创新关键问题开展协同创新，实现高校知识溢出直接服务区域经济社会发展，推动应用科学研究成果的转化和应用，促进产业转型升级。强化校企联合开展技术攻关、产品研发、成果转化、项目孵化等工作，共同完成教学科研任务，共享研究成果，产出一批科技创新成果，提升产业创新发展竞争力。大力推动科教融合，将研究成果及时引入教学过程，促进科研与人才培养积极互动，发挥产学研合作示范影响，提升服务产业能力。

5.4.4.7 完善管理体制机制

强化高校、地方政府、行业协会、企业机构等多元主体协同，形成共建共管的组织架构，探索理事会、管委会等治理模式，赋予现代产业学院改革所需的人权、事权、财权，建设科学高效、保障有力的制度体系。充分考虑区域、行业、产业特点，结合高校自身禀赋特征，优化创新资源配置模式，增强"自我造血"能力，打造高校产教融合的示范区，实现教育链、创新链、产业链的深度融合。

5.4.5 建设立项

教育部、工业和信息化部根据国家经济社会发展需求，加强顶层设计和统筹协调，规划现代产业学院建设布局，指导和组织开展现代产业学院立项建设和评估。

5.4.5.1 申请条件

现代产业学院应已具备或近期可以达到以下基础条件：

（1）人才培养主要专业与区域产业发展具有高度契合性，相关专业已经列入"国家级一流专业"建设范围，具有相对优势。

（2）相关产业列入区域发展整体规划；参与的企业主体参考产教融合型企业相关要求，在区域产业链条中居主要地位，或在区域产业集群中居关键地位。

（3）具有相对稳定的高水平教学团队。

（4）相关企业主体参与的兼职教师人员，中、高级专业技术职务的人员数量不低于高校专职教师的数量。

（5）加强产教融合，实践教学学时不低于专业人才培养方案总学时的30%。

（6）具有相对丰富的教学资源。

（7）初步形成理念先进、顺畅运行的管理体系。

（8）学校能够提供相对集中、面积充足的物理空间，每年提供稳定的经费支持，用于人员聘任、日常运行。

（9）学校给予发展所需政策扶持。

5.4.5.2 立项程序

（1）依托高校根据现代产业学院总体定位、建设思路，紧密结合实际，在充分论证基础上开展建设，搭建基础团队，明确体制机制。

（2）具备条件的高校经上级主管部门同意后向教育部提出申请。同时，申请单位通过所在地省级工业和信息化主管部门向工业和信息化部报备。

（3）教育部、工业和信息化部组织专家进行论证，重点考察人才培养模式、建设基础、政策支持和保障条件等，按照"分区论证、试点先行、分批启动"的原则进行培育建设。

（4）教育部、工业和信息化部将统筹各类资源，对现代产业学院建设予以政策支持和资源倾斜，加大对毕业生的就业指导和服务力度，推动稳定发展。

5.5　广西机电职业技术学院扎实推进现代产业学院建设

教育部、工业和信息化部印发的《现代产业学院建设指南（试行）》指出，培养适应和引领现代产业发展的高素质应用型、复合型、创新型人才，是高等教育支撑经济高质量发展的必然要求，是推动高校分类发展、特色发展的重要举措。为贯彻落实"职教20条"等文件精神，培养大批产业需要的高素质应用型、复合型、创新型人才，2021年1月14日，广西机电职业技术学院成功举行"校企合作产业学院成立大会高技能人才引进签约暨金岸精英学院技术服务人才技能大赛开幕仪式"，与华为、吉利汽车、柳工、玉柴等91家世界500强、世界工程机械50强行业龙头和领军企业"强强联姻"共建智能制造、智能控制、汽车、人工智能、智慧物流、智慧建筑、乡村振兴、文化与旅游、创新创业等9个特色产业学院。同时成立9个产业学院，是全国高职院校中一次性成立数量最多，联合行业企业范围最广的一次，也是学校打造高水平建设，"校企合作、产教融合"开花结果的又一里程碑事件。

5.5.1　坚定中国特色职业教育发展方向，争做立德树人的先行示范

深化校企合作、产教融合是党中央的重大决策部署，是牵一发而动全身，关乎教育、科技、人才、产业各领域，具有基础性、先导性、全局性的战略性设计。在"职教20条"等国家职业教育政策的推动下，在"双高计划"等重大项目的导引下，学校坚持党的全面领导，始终把立德树人摆在首要位置，立足服务产业高质量发展和新时代学校高质量发展的现实需求。在各级政府积极参与和指导下，建设由学校、产业领军企业或行业协会共建共管共享的现代产业学院，将学校办学结合企业发展，一同引领职教改革先行。

在签约仪式上，广西物资集团党委副书记、总经理刘鑫表示，广西物资集团正处在转型发展的关键时期，对人才培养需求旺盛，产业学院给企业的发展提供了平台和空间，企业的壮大和人才的培养彼此密不可分。校企双方整合资源优势，加强合作，将有助于双方发展，有助于带动区域经济的建设，为企业的发展提供更为有力的推动力，也对未来双方的合作充满信心！

广西制冷学会秘书长覃振东表示，学校与企业合作共建产业学院，打通了企业与高职院校产学研之间的通道。双方把技术、生产、教学、科研融为一体，提升合作层次，延展合作的深度和广度，相向而行、优势叠加，加快发展

具有行业特色的职业教育。他建议产业学院要高起点谋划、高标准落实，争取资源配置最优，与高校、合作单位强强联合，为服务广西区域经济社会发展培养更多技术技能人才，为建设壮美广西而努力奋斗！

浙江吉利汽车人力资源部林乃挺高度肯定了长期以来吉利汽车和学校在资源共享、专业共建、人才共育等方面取得的成绩，对产业学院的未来建设进行了展望。与广西机电职业技术学院共建产业学院，公司高度重视，将整合集团产业、科技、教育等资源，全力支持产业学院发展，为广西汽车装配与制造等领域培养技术技能型人才，通过人才培养智力支撑区域经济发展，推进新旧动能转换。

学校校长赖晓桦教授在成立大会上指出，产业学院的成立标志着学校与企业正式建立更全面、更紧密、更深入的校企合作机制，也标志着学校产教融合、协同育人、开放办学工作取得新突破。学校始终立足国家和人民需要，坚持产教融合、匠心育人，努力服务制造业向高端智能制造的转型升级，打造智能制造人才培养的"机电样板"；并将以本次活动为契机，真正发挥政校企三方优势，形成合力，立足"产业链、技术链与人才链"三大核心要素，集聚资源、创新机制、培育成果塑造品牌，将"产业学院"建成支撑广西区域产业发展的创新创业孵化库、人才需求的信息库、领军人才的目标库、企业合作的项目库、最新理论的储备库、技能指导的服务库、成果转化的实训库。

5.5.2 坚定产教融合道路，争做产教融合发展的先行示范

面对新形势、新挑战，学校党委把握国家加快发展现代职业教育的重大机遇，以"服务国家战略、融入区域发展、促进产业升级"为使命担当，对接区域产业链，鼓励重点专业群联合世界 500 强或行业领军企业组建特色产业学院，将校企合作、产教融合做深做实。

目前，广西机电职业技术学院已联合华为、吉利汽车、广西物资集团、广西汽车集团、广西玉柴机器集团等一批行业龙头和领军企业建成 9 个特色产业学院，未来校企将共同建设高水平专业、共同开发课程标准、共同打造师资团队、共同设立研发中心、共同开发高端认证证书、共同开展创新创业教育、共同招生、共同走出去。在办学过程中，实施多种运行模式，以产业学院代替现有的二级学院，探索混合所有制办学模式；"专业学院+产业学院"共建产业班进行订单制人才培养；搭建产教融合、校企协同育人平台等。不拘于一种运营模式创办产业学院，共同探索中国特色校企双元育人的"机电模式"。

5.5.3　坚定人才强校战略，争做职业教育高质量发展的先行示范

近年来，学校在学懂弄通做实习近平总书记关于人才工作的重要论述精神狠下功夫，坚持问题导向、需求导向。据了解，目前广西壮族自治区共有专业技术人才 190 万人，技能人才 690 万人，两支人才队伍总量只占全区总人口 5 600 万的 15.7%，其中技能人才只占人口总量的 12.3%，而发达地区支撑产业需要的技能人才至少 20%。我区专业技术人才总量不足，专业技术人才仅占全区人口的 0.26‰，不到全国平均水平的 1/14，高水平创新型人才和高端领军人才匮乏的老问题没能得到有效解决。学校从思想和行动上认真贯彻落实自治区党委和政府提出"人才强桂"战略，吸引集聚高层次高技能人才加入产业学院，助力构建一支与产业学院发展需求相适应的高技能高水平师资队伍，培养高素质技术技能人次，服务支撑广西经济社会的发展。

学校本着"走出去、引进来"的人才战略方针，打造"顶尖人才项目合作工程、高端人才多点突破工程、急需紧缺人才精准引进工程、优秀成长性人才集聚工程"等一系列人才引进工程，结合区域优势产业发展需求，不拘一格引进顶尖人才（团队）。与浙江吉利汽车有限公司签订产业学院框架协议，本次就引进了以"全国技术能手""全国五一劳动奖章获得者""国家级技能大师工作室带头人"为代表的 217 名高技能人才。引进了一批行业有权威、国际有影响的专业群建设带头人，引进了一批能够改进企业产品工艺、解决生产技术难题的骨干教师，引进了一批具有绝技绝艺的技术技能大师，同时聘请行业企业领军人才、大师名匠担任"客座教授"和"技能大师"。学校成为拥有"国家级教学名师""二级教授""国家万人计划领军人才"和"全国技术能手"数量最多、规格最高的广西高职院校。

下一步学校将以产业学院建设为推动产教深度融合的有力抓手，推动人才培养与广西产业链需求的紧密对接，以更加开放的视野和持续的改革创新提升办学能力，提高人才培养质量，按照"先试点、再推广"的建设思路，将可复制、可推广的经验应用到学校所有的产业学院建设上，奋力将学校建设成一所"广西领先、全国一流、国际水准"的高职名校！

5.6　广西机电职业技术学院产业学院建设方案

为贯彻落实《国务院办公厅关于深化产教融合的若干意见》（国办发

〔2017〕95 号）和教育部办公厅、工业和信息化部办公厅关于印发《现代产业学院建设指南（试行）》的通知（教高厅函〔2020〕16 号）等文件精神，结合学校"十四五"规划的实施，推进学校现代产业学院建设工作，促进学校跨越式发展，实现学校"123720"发展目标，广西机电职业技术学院产业学院特制定本方案。

5.6.1 指导思想和建设目标

以习近平新时代中国特色社会主义思想为指导，深入贯彻党的十九大和十九届二中、三中、四中全会精神，贯彻落实全国教育大会精神和《中国教育现代化 2035》，以立德树人为根本任务，以学生发展为中心，突破传统路径依赖，充分发挥产业优势，联合行业企业发挥教育主体作用，深化产教融合，探索现代产业学院建设模式，建强优势特色专业，完善人才培养协同机制，造就大批产业需要的高素质应用型、复合型、创新型人才，为提高地方产业竞争力和汇聚发展新动能提供人才支持和智力支撑。

坚持育人为本、产业为要、产教融合和创新发展，瞄准与地方经济社会发展的结合点，不断优化专业结构、增强办学活力，探索产业链、创新链、教育链有效衔接机制，建立新型信息、人才、技术与物质资源共享机制，完善产教融合协同育人机制，创新企业兼职教师评聘机制，构建高等教育与产业集群联动发展机制，打造融人才培养、科学研究、技术创新、企业服务、学生创业等功能于一体的示范性人才培养实体。以学校现有的服务地方产学研合作平台为基础，对接广西支柱产业、新兴产业和特色产业链，与区域内行业企业共建5~8个产业学院（表5-19）。在自治区工业和信息化厅及教育厅的统筹指导下，与广西乃至全国多家龙头企业构建校企深度融合、协同育人的办学模式，协调推进学院新工科、新商科、新文科等多学科、多专业交叉融合发展的创新型人才培养模式新格局，全面提高学院人才培养能力。

表5-19　广西机电职业技术学院产业学院建设一览表

序号	产业学院名称	依托及牵头学院	合作企业名称
1	智能制造产业学院	机械工程学院	
2	智能控制产业学院	电气工程学院	
3	汽车产业学院	交通工程学院	
4	人工智能产业学院	信息工程学院	

表5-19(续)

序号	产业学院名称	依托及牵头学院	合作企业名称
5	电子商务产业学院	商学院	
6	艺术设计产业学院	艺术设计学院	
7	智慧建筑产业学院	建筑工程学院	

5.6.2 组织机构和运行模式

产业学院实行理事会领导下的院长负责制。每个产业学院均成立由校企双方（或学校、企业、行业、政府等多方）代表组成的理事会，负责对产业学院办学中有关专业设置、专业群和专业建设、培养方案制订、课程建设、"双师双能型"教师队伍建设、行业企业专兼职教师选派、校内外实验实习实训基地建设等重大问题进行审议、决策、检查、指导、咨询、监督和协调。理事会设立理事长1名、副理事长1名，理事若干名。可以聘任高校、政府、行业企业的知名、资深人士担任名誉理事。每一届理事会任期3年。理事会每学期至少召开一次会议。

产业学院设院长1名，由校领导兼任；常务副院长1名，由产业学院所牵头的二级学院院长兼任；副院长若干名，其中至少一名副院长由企业方人员担任。产业学院下设综合办公室（校企合作办公室），并配备专职管理人员负责产业学院的校企合作工作。

产业学院根据实际情况实施三类运行模式：

第一类产业学院：校企双方深度合作，产业学院开设的所有专业紧密对接合作企业及所在行业的产业链，合作企业支持产业学院的办学建设、参与产业学院的办学过程，条件成熟时，以产业学院代替现有的二级学院，探索混合所有制办学模式，允许合作企业对产业学院进行冠名。

第二类产业学院：开设的部分专业与合作企业深度合作，校企双方通过共建产业班，进行订单式人才培养，并允许合作企业对产业学院的产业班进行冠名。

第三类产业学院：主要面向行业和企业，目的是打造产教融合、校企协同育人的平台。

5.6.3 主要建设任务

5.6.3.1 建好对接产业链的应用型专业群
紧密对接产业学院所服务行业企业的产业链，统筹管理服务同一产业链的若干关联专业，加强专业群的校企共建共管，重点建设智能制造、智能控制、汽车、人工智能 4 个应用技术特色鲜明的专业群。

在建设过程中，通过专业群的示范引领作用，共享其优质的教学资源，带动其他专业的发展，促进学校专业建设的整体推进。建立应用型专业群教学质量标准，健全专业教学质量保障体系。

5.6.3.2 创新协同育人的人才培养模式

对所服务的行业企业深入开展较大范围人才规模需求调研和人才质量需求调研，形成产业人才需求调研报告。以服务岗位需求和提高职业能力为导向，以学生学习能力持续改善为主线，深化校企合作、产教融合，与产业学院所服务的行业企业共同制订人才培养方案、共同开发课程资源、共同实施培养过程、共同评价培养质量，对人才培养规格、课程体系、教学内容、教学方式和学生学业考核评价方法等进行重构。推进启发式、探究式等教学方法改革和合作式、任务式、项目式、企业实操教学等培养模式综合改革。

建立以提高实践能力为引领的人才培养流程，率先应用"双高建设"的改革成果，实现专业链与产业链、课程内容与职业标准、教学过程与生产过程对接，建立产教融合、协同育人的人才培养模式。

5.6.3.3 构建校企合作的课程体系与教学模式

更加注重培养学生的应用能力和创新创业能力，整合专业基础课、主干课、核心课、专业技能应用和实验实践课，形成突出实践能力培养的应用型课程群或课程模块。以产业学院所服务的行业企业需求进行课程改革、设计课程体系、优化课程结构，推动课程内容与职业标准对接，建设一批校企合作课程。

与行业企业共同实施以解决实际问题为导向和以学生为中心的启发式、合作式、项目式教学模式。改革实践教学内容、方法和手段，把行业企业技术革新项目作为应用型人才培养的重要载体，把行业企业的一线需要作为毕业设计选题来源。

5.6.3.4 建立校内外实验实习实训基地

按照工学结合、知行合一的要求，根据产业学院所服务的行业企业生产、服务的真实技术和流程，构建知识教育体系和实验实训实习环境。统筹各类实践教学资源，构建功能集约、资源共享、开放充分、运作高效的通用类或跨专业类教学中心。通过引进企业研发、生产基地，建成兼具生产、教学和研发功能的校企一体、产学研一体的大型实验实训实习中心和培训基地。每个产业学院建设若干个高水平、稳定合作的校外实习实训基地。

5.6.3.5 打造"双高双强型"师资队伍

加大校内教师转型力度，有计划地选送专任教师到产业学院所服务的行业企业接受培训、挂职工作和实践锻炼。加强教师分类管理，改革教师评价体系，合理设置不同类型的教师岗位，引导教师向"双高双强型"转变。完善"双高双强型"专兼职教师引进、认证与使用机制，引进行业企业资深专家、技术骨干和管理专家担任专兼职教师，聘请产业学院所服务的行业企业高级工程技术人员作为企业工程型教师为学生授课。

5.6.3.6 搭建服务地方产学研合作平台

加快融入地方经济社会发展，打造工业机器人、人工智能等服务地方"产学研用"的合作平台，通过产业学院建设，深化拓展与广西龙头行业企业的战略合作，创新校地、校企合作模式和对接落实机制，建设服务地方特色产业的行业共性技术研发中心，促进科技成果转化和产业化。与产业学院所服务的行业企业开展横向课题研究，积极探索先进技术辐射扩散和产业化的新途径，不断提升学校服务地方经济社会发展的能力。

5.6.4 保障措施

5.6.4.1 人员保障

学校成立产业学院工作领导小组，并给每个产业学院所牵头的二级学院设置一名产业学院常务副院长和一名行政人员岗位，专门负责产业学院建设工作和日常行政管理事务。

5.6.4.2 经费投入

设立专项经费，加大对产业学院的经费支持力度，今后三年学校将投入 2 亿元经费用于产业学院和高水平专业群建设。重点用于紧密对接产业链的专业群课程建设、教学改革、"双师双能型"教师队伍建设，以及校企共建大型实验实训实习中心和技术研发中心、校企联合开展的横向科研项目等。

5.6.4.3 建设进度

产业学院所牵头的二级学院在深入调研、充分论证的基础上，科学编制建设方案，并启动建设工作。2021 年 1 月前寻找并初步确定合作企业，3 月与企业签订共建产业学院协议，4 月成立产业学院，举行挂牌仪式，完成产业学院组织机构建设，5 月后全面开展产业学院的各项建设工作，2021 年 12 月前各产业学院对建设进展情况进行阶段总结。2022 年 12 月前，开展考核验收工作，总结评估建设成效，推广产业学院建设经验，产出一批标志性成果，并接受自治区双高建设验收。

5.6.4.4 绩效评价

建立产业学院工作年度报告制度,产业学院建设进展情况纳入所在二级学院的年度考评体系,动态监测产业学院的实施情况,根据建设的进展和成效调整支持力度,对建设期满通过验收的产业学院建设项目,根据绩效进行奖补。

5.6.4.5 加强宣传

围绕建设"广西领先、全国一流、国际水准"的高水平高职院校,扎实推进学校产业学院的建设。其间,要大力加强宣传工作,宣传学校推进"一加强、四打造、五提升"的建设过程,服务学校的招生、就业,提高学校声誉,为学校跨越式发展营造良好的发展氛围。

参考文献

[1] 葛晓波. 职业院校校企命运共同体构建的时代意蕴、现实困境与路径选择 [J]. 中国高教研究, 2021 (5): 98-102.

[2] 本报评论部. 加快构建现代职业教育体系 [N]. 人民日报, 2021-05-17 (5).

[3] 贠娟绸. 产教深度融合、校企合作共赢 [N]. 山西经济日报, 2021-05-17 (1).

[4] 曹强. 西部高职院校"双师型"教师培养的问题与路径 [J]. 教育与职业, 2021 (10): 82-85.

[5] 吕亮升. 产教融合视角下人力资源专业实践平台共建共享机制构建 [J]. 人才资源开发, 2021 (9): 63-64.

[6] 王辉, 孙伟, 尤建祥, 等. 高职智能制造专业群"六教合一"产教融合校企协同育人创新实践 [J]. 黑龙江科学, 2021, 12 (9): 162-164.

[7] 薛晓萍. 加快培养更多高素质技术技能人才 [N]. 河北日报, 2021-05-07 (7).

[8] 程小兵. "1+X"证书背景下高等职业教育之人才培养方案 [J]. 现代职业教育, 2021 (19): 58-59.

[9] 于禾, 李峻. "百万扩招"背景下的高职教育高质量发展研究 [J]. 高等职业教育探索, 2021, 20 (3): 24-30.

[10] 佘宇, 王伟进. 五方面着力加快发展现代职业教育 [N]. 中国经济时报, 2021-05-06 (4).

[11] 王奎龙. 紧缺人才预警和培养两手抓 [N]. 吉林日报, 2021-05-06 (7).

[12] 周步昆, 许广举, 冀宏, 等. 融合创新视角下应用型高校产业学院的特征、架构与评价 [J]. 黑龙江高教研究, 2021 (05): 35-40.

[13] 李新. "产教融合、协同育人"应用型人才培养机制的创新研究

［J］.对外经贸，2021（4）：139-141.

［14］缪学梅.职业教育产教融合多元利益相关者协同有效性评价研究［J］.顺德职业技术学院学报，2021，19（2）：42-50.

［15］韩登，孙妹.基于产教融合的高职院校产业学院建设机制创新与实践研究［J］.湖北开放职业学院学报，2021，34（8）：16-18.

［16］梁琪.产教融合视野下的高职院校兼职教师管理改革［J］.内蒙古科技与经济，2020（24）：28-29.

［17］刘畅荣，王志勇，王涛.协同创新、产教融合，推进专业人才培养机制构建［J］.科教文汇（下旬刊），2020（12）：86-87.

［18］丁凯.产教融合时代探索"多元"育人模式［J］.在线学习，2020（12）：32.

［19］赵根良.我国产教融合视角下高职院校教师队伍建设研究综述［J］.牡丹江教育学院学报，2020（12）：47-50.

［20］李向群.高职院校"双元分层交融"的产教融合模式研究与实践［J］.北京印刷学院学报，2020，28（S2）：206-209.

［21］马树超，校企合作：我国高等职业教育改革发展的主线［J］，江苏广播电视大学学报，2012（1）：28-33.

［22］马树超，区域职业教育改革与发展的思路［J］，现代教育，2013（1）：8-11.

［23］姜大源.学科体系的解构与行动体系的重构［J］，中国职业技术教育，2006（3）：14-17.

［24］姜大源.德国"双元制"职业教育再解读［J］，中国职业技术教育，2013（33）：5-14.

［25］张亚军，徐亚娜，楚金华.我国高职院校校企合作研究述评［J］.职教论坛，2008（12）：4-8.

［26］殷红，米靖卢，月萍.我国高职院校校企合作研究综述［J］，职教论坛，2011（12）：11-17.